MÉMOIRE

CONTRE LE DÉTOURNEMENT

DES EAUX DU PEYSSIER,

L'UN DES CANAUX D'IRRIGATION

DU TERRITOIRE DE GAP

(Hautes-Alpes),

Par M. Emmanuel-Adolphe JOBEZ,

ANCIEN RECEVEUR DE L'ENREGISTREMENT ET DES DOMAINES
A ALGER ET A ORAN
Et Membre de plusieurs Sociétés Savantes.

GAP,
TYPOGRAPHIE DE P. JOUGLARD.

1853.

F

MÉMOIRE

CONTRE

LE DÉTOURNEMENT DES EAUX DU PEYSSIER.

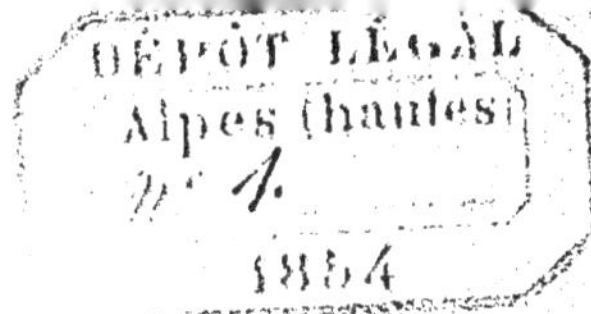

MÉMOIRE

CONTRE LE DÉTOURNEMENT

DES EAUX DU PEYSSIER,

L'UN DES CANAUX D'IRRIGATION

DU TERRITOIRE DE GAP

(Hautes-Alpes),

Par M. Emmanuel-Adolphe JOBEZ,

ANCIEN RECEVEUR DE L'ENREGISTREMENT ET DES DOMAINES

A ALGER ET A ORAN

Et Membre de plusieurs Sociétés Savantes.

GAP,

TYPOGRAPHIE DE P. JOUGLARD.

1853.

ERRATA.

Page 6, ligne 8, au lieu de *fluante*, lire *fluente*.

Page 11, ligne 15, au lieu d'*adopté*, lire *adoptée*.

Page 17, ligne 13, au lieu de *doctine*, lire *doctrine*.

Page 19, ligne 2, au lieu de *courrir*, lire *courir*.

Page 32, dernière ligne, au lieu de *lux*, lire *Lex*.

Page 38, ligne 23, au lieu de *Leben*, lire *Leber*.

Page 55, ligne 3, au lieu de *conseillier*, lire *conseiller*.

Page 80, ligne 22, au lieu de *nous avons en vue*, lire *nous avons eu en vue*.

Page 95, ligne 2, au lieu de *qu'il soient facultatif*, lire *qu'il soit facultatif*.

Page 111, ligne 16, au lieu de *abondondance*, lire *abondance*.

Page 113, ligne 14, au lieu de *apropriation*, lire *expropriation*.

Page 121, ligne 16, au lieu de *se décolent*, lire *se décollent*.

Page 124, ligne 13, au lieu de *diagnastio*, lire *diagnostic*.

Page 126, ligne 13, au lieu de *séjourneront*, lire *séjournèrent*.

Page 126, ligne 14, au lieu de *ils serait*, lire *il serait*.

Page 128, ligne 6, au lieu de *putrifient*, lire *putréfient*.

Page 153, ligne 20, au lieu de *supression*, lire *suppression*.

Page 263, supprimez *et* au commencement de la 3e ligne.

Page 174, ligne 14, au lieu de *qui n'ont pas déclarées*, lire *qui n'ont pas été déclarées*.

Page 89, ligne 17, au lieu de *Gonans*, lire *Gonsans*.

ÉPIGRAPHES.

« Les actes que font les Eschevins étant actes de Gouvernement et non « de justice, il s'en suit que de ces actes il ne doit point y avoir d'appel, « parce que l'appel n'a lieu proprement, qu'ès actes de justice conten- « tieuse ; mais il se faut pourvoir contre iceux par voie de plainte, qu'on « peut faire aux supérieurs et principalement au Roy, et à son Conseil ; « il faut en ce cas, si le Roy l'ordonne, que les Eschevins viennent rendre « raison de ce dont on se plaint d'eux. »

(LOYSEAU, *Traité du droit des offices*, livre 5e, chapitre 7, n° 51.)

« Il est permis à chacun, comme membre du corps social, de deman- « der la révocation d'un acte de l'autorité administrative présumé illégal. »

(Réquisitoire de M. NICOD, avocat général à la cour de cassation; audience du 9 mai 1836; aff. *Ville de Bordeaux contre Laurent et Comp.)*

« Les gens habiles ne sont pas tous dans les Conseils, et ceux-ci « placés à une juste distance, ni trop haut ni trop bas, peuvent savoir « bien des choses qui échappent à l'attention ou à la préoccupation des « hommes en autorité et leur dire quelquefois d'utiles vérités par la voie de « la presse. »

(Vicomte de BONALD; séance de la chambre des députés, du 28 janvier 1817.)

MÉMOIRE.

Exposé des faits. — Considérations générales. — Division du Mémoire.

Près de trois cents propriétaires dont les héritages sont situés sur les bords de La Bonne, en amont de la ville de Gap, jouissent depuis un temps immémorial de la faculté d'arroser leurs jardins et de faire mouvoir leurs usines, au moyen des eaux qui proviennent du béal Le Peyssier, un des affluents droits de cette rivière.

Ce béal est en grande partie alimenté par les sources qui prennent naissance dans le domaine de M. Pascal, marchand cirier et membre du conseil municipal, demeurant à Gap.

Ce droit, dont l'origine se perd dans la nuit des temps, repose sur des titres. On l'établit encore d'une manière inattaquable, en invoquant les lois qui régissaient autrefois la matière des cours d'eau dans l'ancienne Province du Dauphiné. Enfin, au besoin, on prouve qu'il est hors de toutes les atteintes, par la seule force de la prescription.

Quel n'a donc pas été l'étonnement de ces propriétaires quand ils ont vu M. Pascal, sans respect pour les droits acquis, faire exécuter, sur des chemins vicinaux ou terrains communaux de la ville, des travaux d'aquéduc, destinés précisément à leur enlever une partie des eaux qui coulent dans Le Peyssier, et combien pénible n'a pas été leur surprise, lorsqu'ils ont eu acquis la certitude que c'était l'administration municipale elle-même, qui avait procuré à M. Pascal le seul moyen qu'il eût d'opérer le détournement de ces eaux, en lui concédant un droit de passage sur la voie publique, par une délibération en date du 24 janvier 1852, laquelle a été approuvée, le 25 du mois suivant, par M. le Conseiller de préfecture, délégué en remplacement de M. le Préfet des Hautes-Alpes, empêché pour cause d'absence.

Cette délibération devant jouer un rôle important dans la discussion qui va s'ouvrir, on a cru devoir en donner le texte ci-après, ainsi que celui des deux autres relatives à la même affaire, qui l'ont précédée, à la date des 30 novembre et 28 décembre 1851.

Délibération du 30 novembre 1851.

L'AN mil huit cent cinquante-un, le trente novembre à deux heures de l'après-midi, en vertu de l'autorisation de M. le Préfet, le conseil municipal de la ville de Gap, sur la convocation et sous la présidence de M. le Maire, s'est réuni, en continuation de session, dans le lieu ordinaire de ses séances, où étaient présents : MM. BLANCSUBÉ, remplissant les fonctions de maire ; VALLON ; A. ROUBAUD ; LESBROS, faisant fonctions d'adjoints ; ALLIER ; MARTIN ; PELLEGRIN ; LESBROS, Dominique ; EYNAUD ; E. ROUBAUD ; AMAT ; AILHAUD ; BLANC, médecin ; RICARD ; QUEYREL et PASCAL.

Il est procédé à l'élection d'un secrétaire en remplacement de M. ANDRÉ, absent ; M. A. ROUBAUD, nommé par acclamation, prend en cette qualité place au bureau.

La séance est ensuite déclarée ouverte, il est donné lecture du procès-verbal de la dernière session, qui est adopté sans réclamation.

La parole est donnée à M. LESBROS, etc.

M. PASCAL, propriétaire, demande, par une lettre dont il est donné lecture au conseil, l'autorisation de faire des fouilles dans plusieurs chemins vicinaux et dans les rues de la ville, pour conduire les eaux de sa propriété de Charance dans les divers quartiers de la ville.

Le conseil, après en avoir délibéré, charge une commission de s'aboucher avec M. PASCAL pour fixer le prix auquel celui-ci céderait des eaux à la ville, lorsqu'elles seront rendues dans son enceinte et après que l'autorisation qu'il demande lui serait accordée. Cette commission est désignée au scrutin ; en sont nommés membres : MM. ALLIER ; PELLEGRIN et AMAT.

Un membre du conseil demande que la commission qui

vient d'être nommée soit en même temps chargée d'étudier les causes de la diminution du volume d'eau de la fontaine de la Retrache, qui bientôt n'en fournit plus; il demande, en outre, que sa réclamation soit mentionnée au procès-verbal.

Cette proposition est adoptée sans réclamation.

M. Blanc, rapporteur, etc.

N'y ayant plus rien à délibérer, la séance est levée; il en est dressé procès-verbal qui est signé par les membres présents.

Signé: Blancsubé; Roubaud; F. Lesbros; Allier; Pellegrin; Vallon; E. Roubaud; Queyrel; Ricard; Eynaud; Pascal; Amat; Lesbros; Martin; Blanc.

Pour extrait conforme:

Le Maire de Gap,

BLANCSUBÉ. f. f.

Délibération du 28 décembre 1851.

L'an mil huit cent cinquante-un, le vingt-huit décembre, à deux heures de l'après-midi, le conseil municipal de la ville de Gap, en vertu de l'autorisation de M. le Préfet, s'est, sur la convocation et sous la présidence du conseiller municipal remplissant les fonctions de premier adjoint, réuni dans le lieu ordinaire de ses séances, où étaient présents: MM. Vallon; A. Roubaud; F. Lesbros, remplissant les fonctions d'adjoints; Allier; Pellegrin; D. Lesbros; Eynaud; E. Roubaud; Amat; Ailhaud; Ricard et Queyrel.

Après l'ouverture de la séance, il est procédé à l'élection d'un secrétaire; M. Lesbros, nommé par acclamation, prend en cette qualité place au bureau.

Le procès-verbal de la dernière séance est lu et adopté sans réclamation.

Le conseil est appelé à délibérer sur la demande formée par

M. Pascal, à l'effet d'être autorisé à conduire les eaux de sa propriété de Charance dans divers quartiers de la ville.

La commission, nommée le 30 novembre dernier, est appelée à faire son rapport à ce sujet. M. Amat, rapporteur, dit que la proposition de M. Pascal doit être prise en sérieuse considération, mais que la commission n'est pas suffisamment éclairée, attendu que M. Pascal a fait, le matin même, une nouvelle proposition. Le conseil, sur cet exposé, renvoie la question à la même commission pour faire de nouvelles études et soumettre ensuite au conseil ses observations dans la plus prochaine séance.

L'objet de la convocation étant terminé, la séance est levée; il en est dressé procès-verbal qui est signé par les membres présents.

Signé : F. Lesbros; Roubaud; Vallon; Pellegrin; Amat; Queyrel; E. Roubaud, Ricard; D. Lesbros.

Pour extrait conforme:

Le Maire de Gap,

BLANCSUBÉ, f. f.

Délibération du 21 janvier 1852.

L'an mil huit cent cinquante-deux, le vingt-un janvier, à deux heures de l'après-midi, le conseil municipal de la ville de Gap, en vertu de l'autorisation de M. le Préfet, s'est réuni, sur la convocation et sous la présidence de M. le Maire, dans le lieu ordinaire de ses séances, où étaient présents: MM. Blancsubé, remplissant les fonctions de maire; Vallon; A. Roubaud; F. Lesbros, faisant fonctions d'adjoints; Allier; Pellegrin; Martin; Moynier; D. Lesbros; Ailhaud; Queyrel et Pascal.

La séance étant ouverte, il est procédé à l'élection d'un secrétaire: M. A. Roubaud, nommé par acclamation, prend place au bureau.

M. le Maire donne communication, etc.

M. ALLIER, rapporteur de la commission nommée dans la séance du 30 novembre dernier, expose que la commission a demandé à M. PASCAL de formuler ses propositions par écrit, afin qu'elle pût en apprécier tous les détails et toutes les conséquences ; que les propositions écrites n'ayant pas été fournies, il ne peut aujourd'hui être fait un rapport à ce sujet.

Toutefois, vu l'urgence de procurer une fontaine fluante à la caserne où des affections de nature scorbutique, qui sont attribuées aux eaux dont on fait un usage journalier, se manifestent épidémiquement, le conseil, consulté, juge convenable de scinder la question, et réservant celle des fontaines et bornes fontaines de la ville, lui accorde, conformément à sa demande, *le droit de passage de ses eaux sur les chemins vicinaux et autres terrains communaux*, *sous la réserve des droits des tiers*, et avec invitation à l'administration de prescrire toutes les mesures nécessaires dans l'intérêt de la viabilité, et à la condition expresse que M. PASCAL sera tenu de souffrir, sans indemnité, toutes les conséquences des modifications ou rectifications que l'administration croirait convenables de faire dans les terrains et chemins où seront établis les travaux de M. PASCAL.

N'y ayant plus rien à délibérer, la séance est levée ; il en est dressé le présent procès-verbal qui est signé par les membres présents.

Suivent les Signatures :

Pour extrait conforme :

Le Maire de la ville de Gap,

F. LESBROS, f. f.

Vu et approuvé par nous, Préfet des Hautes-Alpes.

Gap, le 25 février 1852.

Pour le Préfet empêché :

Le Conseiller de Préfecture, délégué.

N. CONDUZORGUES-LAIROLLE.

Tels sont les titres sur lequels se fonde l'adversaire des riverains de La Bonne, pour changer un état de choses qui dure depuis des siècles, et cela, au grand préjudice de l'intérêt public et de nombreux intérêts privés.

En effet, quelles seront les conséquences de cette entreprise si l'on n'y met bientôt obstacle : les cardes à laine, moulins, martinets et pressoirs situés le long du canal dit *des Meuniers* seront condamnés au chômage ; les prés et les jardins assis sur les deux rives de La Bonne, depuis le point où ce béal débouche dans le torrent jusqu'au dessous du pont qui se trouve sur la route nationale, entre la pépinière et l'église des Cordeliers, privés désormais de tous moyens d'arrosage, seront frappés de stérilité. Il s'en suivra une dépréciation considérable dans la valeur vénale de ces immeubles ; une foule de petits propriétaires verront leur patrimoine réduit de moitié ; par suite de la suspension ou de la suppression du travail dans les usines, des ouvriers en assez grand nombre resteront inoccupés, leurs familles seront réduites à la misère ; des industriels et des manufacturiers auront leurs affaires dérangées ; le commerce général de la contrée se ressentira inévitablement de toutes ces perturbations, et l'on aura atteint tous ces beaux résultats, dans quel but ? dans le but unique de favoriser, sous un vain prétexte d'utilité publique, les intérêts d'un seul particulier.

Et que l'on ne vienne point dire que ce tableau soit de fantaisie, exagéré, surchargé à plaisir : il n'y a que des esprits superficiels qui puissent le prétendre ; car les assertions qui viennent d'être émises ne sont malheureusement que trop facilement justifiables.

L'on sait que le canal des Meuniers, creusé sur la rive gauche de La Bonne, commence à peu de distance de l'endroit où le Peyssier se jette dans cette rivière, pour finir au pont dont il a été parlé. A l'aide d'un barrage, les eaux du béal se réunissent à celles de La Bonne dans le canal en question. C'est de leur mélange que résulte la force motrice qui donne la vie à toutes les usines situées en amont et en aval du pont de la pépinière. Les deux éléments constitutifs de cette force sont : 1° les eaux de La Bonne, utiles par leur volume ; 2° celles du Peyssier, utiles principalement par leur qualité.

Il est nécessaire d'entrer dans quelques explications à cet égard.

Les eaux de La Bonne, provenant de la fonte des neiges du col Bayard, sont susceptibles de se congeler avec la plus grande facilité.

Si durant l'hiver elles devaient à elles seules alimenter le canal des Meuniers, ce canal, pendant les six mois de la saison rigoureuse, n'aurait presque constamment dans son lit qu'une masse de glace continue; par le fait, toute force motrice serait anéantie, et le travail des usines forcément interrompu.

Les eaux du Peyssier, au contraire, étant des eaux de source, ont une température beaucoup plus élevée. C'est un fait constaté par une longue expérience, et dont déposeraient, au besoin, une foule de témoins, qu'elles résistent infiniment mieux que les eaux de La Bonne à l'action des froids intenses.

Ces eaux, en outre, sont chargées de sels. Or, l'on sait que de telles eaux se gèlent à des températures beaucoup plus basses, et que, dans certaines circonstances, elles peuvent devenir sensiblement plus froides que la glace fondante, sans pour cela cesser d'être liquides.

Cela posé, l'on conçoit sans peine comment les eaux du béal, mêlées à celles du torrent, forment dans le canal des Meuniers un courant qui, pendant l'hiver, peut se maintenir presque toujours à l'état liquide, pendant que celles qui coulent dans le lit à côté sont à l'état de glace, et comment de cette manière il devient possible aux usines de marcher, durant toute la morte saison.

Mais ce n'est pas le seul avantage retiré des eaux du Peyssier.

Entre l'hiver et le temps des chaleurs, à cette époque intermédiaire de l'année où la neige a déjà entièrement disparu sur le mont Bayard, La Bonne cesse de donner un volume d'eau suffisant pour mettre en mouvement ces mêmes usines; c'est le Peyssier alors qui forme l'appoint au moyen duquel on complète la quantité nécessaire à leur roulement.

Au gros des chaleurs, lorsque La Bonne est à sec, le béal, en continuant à couler dans le canal des Meuniers, est encore éminemment utile à deux fins:

1° En laissant ses eaux disponibles pour l'arrosage et l'irrigation des jardins et des prairies;

2° En conservant au lit et aux parois du canal un degré d'humidité convenable, en le maintenant par ce moyen en bon état, en l'empêchant de se détériorer, et en ne mettant pas les propriétaires intéressés dans le cas de faire chaque année de dispendieuses réparations.

La question de savoir si les eaux du béal seront détournées ou continueront à couler comme par le passé est donc fort importante. C'est parce qu'ils sont bien convaincus que c'est une question de vie ou de mort pour l'industrie et l'agriculture de la partie nord du bassin de Gap, que les propriétaires ou chefs de familles dénommés dans l'acte extrajudiciaire signifié par l'huissier Paul à M. Pascal, le 21 mai 1852, ont fait, par cet exploit, sommation à ce dernier d'avoir à cesser ses travaux et qu'ils ont pris la ferme résolution d'épuiser tous les moyens de droit et d'avoir recours à toutes les juridictions, pour obtenir le retrait de la concession qui lui a été octroyée. A cette fin, ils ont donné mission au signataire de ce mémoire d'étudier cette affaire sous toutes ses faces, et la question de propriété demeurant réservée, pour plus tard être traitée et être, au besoin, portée devant les tribunaux, de rechercher et d'indiquer les voies à suivre à l'effet de faire annuller administrativement la délibération et l'approbation qui leur font grief.

Pour remplir convenablement cette tâche, il sera nécessaire d'entrer dans le détail de faits variés et multipliés. Comme les adversaires des parties réclamantes, afin de mieux défendre la mesure adopté en faveur de leur client, contestent les principes les plus élémentaires et nient les vérités les plus certaines, il faudra bien, pour dissiper toute espèce de doute, accumuler tous les genres de preuves. On sera donc obligé d'être long, d'aborder la discussion de nombreux points de droit civil et administratif; de faire même une excursion dans le domaine de la science médicale. Il importait de traiter toutes ces matières avec ordre et clarté; c'est pourquoi l'on a divisé ce travail en sept paragraphes de la manière suivante :

Le premier sera consacré à la détermination de

la nature et des caractères de la concession octroyée par le conseil municipal de Gap, dans sa délibération du 21 janvier ;

Dans le deuxième, seront exposées les irrégularités qui vicient radicalement cette délibération ;

Dans le troisième, celles qui entraînent la nullité de l'approbation préfectorale, en date du 25 février.

La concession Pascal doit être révoquée, parce qu'elle est contraire à l'ordre public et qu'elle compromet les intérêts financiers de la ville de Gap ; telle est la question qui fera le sujet du quatrième.

On démontrera dans le suivant que l'existence prétendue du scorbut sévissant épidémiquement dans les casernes de la ville, et le prétendu moyen d'en arrêter les progrès par l'établissement d'une fontaine fluente, ne sont que des assertions qui ne reposent sur aucun fondement, et qui ont été le prétexte plutôt que la véritable cause de la concession ;

Dans le sixième, on rappellera et on appliquera au béal Le Peyssier, les dispositions du chapitre 6 de la loi des 12-20 août 1790, qui imposent à l'administration supérieure l'obligation de donner aux cours d'eau la meilleure direction dans l'intérêt de l'agriculture ;

Enfin, dans le septième, sous forme de conclusion, on dira les raisons pour lesquelles il convient de saisir M. le Ministre de l'intérieur de la réclamation, qui fait l'objet du présent mémoire.

§ Ier.

Nature et caractère de la Concession.

La concession de M. Pascal est-elle, comme le prétendent ses défenseurs officieux, une simple autorisation de voirie, une pure affaire de tolérance, n'ayant rien de commun avec ce qu'on appelle une servitude? N'est-ce pas au contraire, ainsi que le soutiennent les parties adverses, une servitude, une véritable aliénation du patrimoine communal?

Telle est la première question qui se présente à résoudre, et sans la solution de laquelle on ne saurait établir les irrégularités qui seront reprochées à la délibération municipale et à l'arrêté préfectoral.

Que ce soit en matière fiscale, administrative ou judiciaire, c'est toujours d'après les règles du droit commun que les actes doivent être interprétés. C'est ainsi qu'un contrat passé dans les formes administratives tire sa force de la loi civile et nullement du pouvoir propre à l'administration générale ou communale, et encore moins de la forme dans laquelle il a été passé (1).

Ce principe admis, il est aisé de démontrer que la concession, objet du litige, constitue une véritable servitude.

En effet, dans son acception la plus étendue, la servitude est toute espèce d'assujétissement auquel un héritage est tenu pour l'intérêt d'un autre (2). Dans un sens plus restreint, ce mot désignait, d'après les anciens jurisconsultes, un droit inhérent à un héritage pour son utilité, et qui diminue le droit ou la liberté d'un autre héritage. Mais c'est improprement que l'on appelait la servitude un droit (2); car, dans bien des circonstances, la servitude ne repose simplement que sur un fait. Elle peut bien être ou devenir constitutive d'un droit, par titre ou par les effets de la prescription; mais aussi elle peut très-bien subsister indépendamment de tout droit préexistant. C'est pour ce motif que l'article 630 du code Napoléon la définit, non pas un droit, mais une charge imposée sur un héritage, pour l'usage

---

(1) Dufour, *Traité du droit administratif*, n° 693. — Dalloz, *Nouveau répertoire de jurisprudence*, tome 10, n° 1891.

(2) Discours prononcé au corps législatif les 7 et 10 pluviose, an XII, par Gillet, orateur du Tribunat, et Albisson, au nom de la section de législation.

et l'utilité d'un héritage appartenant à un autre propriétaire.

Pour constituer une servitude, trois conditions sont nécessaires :

1° Deux héritages dont l'un fait le service et l'autre le reçoit ;

2° L'existence de deux propriétaires différents, l'un maître du fonds, qui rend le service, l'autre de celui par qui le service est rendu ;

3° La cause de la servitude, c'est-à-dire l'usage et l'utilité de l'héritage qui jouit. Car une charge, dont cet héritage ne pourrait tirer aucun profit ni aucune utilité, ne serait pas une servitude (1).

Or, ces éléments substantiels de la servitude se rencontrent de la manière la plus caractérisée dans la concession octroyée par le Conseil municipal.

Il y a deux héritages :

1° Le domaine de Charance et la maison de la rue du Palais, qui sont le fonds dominant ;

2° Le terrain communal de la ville de Gap, qui est le fonds servant.

Deux propriétaires différents : la ville de Gap et M. Pascal.

---

(1) Rapport fait au Tribunat, par Albisson, au nom de la section de législation., séance du 7 pluviose, an XII, sur le livre 2, titre 4 du C. C.

L'utilité que retire le fonds dominant est incontestable, puisque M. Pascal, au moyen de son droit de passage, a amené les eaux de son domaine de Charance dans sa maison de la rue du Palais, et qu'il se charge d'alimenter des fontaines particulières, moyennant des prix fixes, une fois payés, ou des rétributions annuelles considérables.

Ainsi, l'aquéduc construit sur une longueur d'un à deux kilomètres, sur le chemin vicinal qui conduit du domaine de Charance, à travers le champ de Mars et plusieurs rues de la ville, aux bâtiments de l'ancienne école normale, propriété de M. Pascal, est bien un fait qui constitue une servitude. C'est bien mieux, les propriétaires co-intéressés de La Bonne prétendent que cette servitude n'en existerait pas moins, quand bien même elle aurait été consentie temporairement, à titre de tolérance ou par esprit de familiarité.

Pour en acquérir l'intime conviction, il n'y a qu'à se reporter au décret du 25 mars 1852, inséré au 508me bulletin des lois, article 3855, tableau C, numéro 3. On trouvera dans ce décret les dispositions suivantes :

« ART. 3. Les préfets statuent, en conseil de préfec-
« ture, sans l'autorisation du ministre des finances. . .
« . . . . 2° Sur les locations amiables,
« après estimation contradictoire de la valeur locative des

« biens de l'État, lorsque le prix annuel n'excède pas « 500 francs; 3° *Sur les concessions de servitudes, à « titre de tolérance, temporaires et révocables à « volonté.* »

Aux termes de ce décret qui présente le dernier état de la législation, les concessions dites de tolérance sont donc bien et dûment rangées parmi les servitudes.

En conséquence, dans l'hypothèse où le droit concédé à M. Pascal ne l'aurait été que par tolérance et précairement, la servitude ne laisserait pas que d'être tout aussi solidement établie. C'est un point qu'on ne saurait désormais contester, sans nier ce qui est certain et sans renverser les principes consacrés par le code, la doctine et les monuments de la jurisprudence.

Mais de quelle espèce est précisément cette servitude?

Pour en bien déterminer les caractères, qu'il soit permis de rappeler ici quelques principes :

1° D'après l'article 688 du code civil, la servitude continue est celle dont l'usage est ou peut être continuel, sans avoir besoin du fait actuel de l'homme.

Ce même article range parmi les servitudes continues les conduites d'eau, sans distinguer si leur usage est alternatif, temporaire ou à durée illimitée.

2° La loi romaine (28 *de servitutibus prædiorum*

urbanorum) voulait bien que toutes les servitudes eussent une durée perpétuelle. Mais, aujourd'hui, il est reconnu que tant que la loi ne s'y oppose pas les servitudes peuvent être étendues, restreintes, modifiées, selon la volonté des parties contractantes ; notamment, il est positif qu'on peut en établir pour un certain temps et sous certaines conditions (1).

Cette doctrine consacrée par la jurisprudence moderne, et notamment par le décret du 25 mars précité, repose sur l'article 686 du code civil, suivant lequel il est permis aux propriétaires d'établir sur leurs propriétés ou en faveur de leurs propriétés telles servitudes que bon leur semble, pourvu que les services établis ne soient imposés ni à la personne ni en faveur de la personne, et qu'ils n'aient rien de contraire à l'ordre public.

Rien ne s'oppose donc à ce qu'un voisin stipule qu'il recevra sur son terrain des eaux qui découlent d'un autre héritage jusqu'au moment où il conviendra de ne plus le vouloir. Rien ne s'oppose non plus à ce qu'on limite à un certain temps l'usage d'une pareille servitude (2).

3° Une charge supportée par tolérance étant capable,

---

(1) Merlin, *Répertoire de jurisprudence.*—V° *servit.* § 14, n° 6.—Lex. 4, lex. 5, *de servit.* lex. 2, *ff. de aq. quot. et æsti.*

(2) *Traité des servitudes réelles*, par Solan, page 10.

par son caractère et sa durée, de suppléer ou de faire supposer un titre et de faire courrir la prescription, peut constituer une servitude continue.

4° La possession précaire est celle de celui qui n'exerce une servitude qu'à la faveur d'une simple tolérance, c'est-à-dire d'un consentement momentané accordé par esprit de familiarité et en vue de rapports de bon voisinage. Dans ce cas, il est légalement réputé n'avoir jamais eu la volonté de posséder à titre de droit (art. 2232 et 2236, C. C.) (1).

5° La précarité ne se présume point (art. 2230, C. C.)

6° Le droit de prise et de passage d'eau, conféré par un titre, sans limite de temps, est une faculté imprescriptible, empruntant son caractère de perpétuité au titre même de l'établissement du canal ou de l'acquéduc creusé en travers du fonds assujetti (2).

7° Les canaux souterains ou aquéducs établis pour transmettre les eaux d'une source ou d'un réservoir à des fontaines, constituent, même en l'absence de tout titre d'acquisition, et par la seule force de l'incorporation, un droit de servitude, on peut dire plus justement un droit de co-propriété sur l'héritage qu'ils traversent,

(1) Zachariæ, tome 1er, page 455, *Cours de droit civil français.*
(2) Arrêt de la Cour de cassation, du 16 mai 1826.

bien que ce dernier droit ne s'étende qu'à la partie réellement occupée par les canaux (1).

8° Tout titre constitutif de servitude doit être interprété par la commune intention des parties contractantes, plutôt que par le sens littéral des mots (2).

En appliquant ces principes au cas spécial dont il s'agit, on voit d'abord que l'aquéduc construit par M. Pascal constitue une servitude continue;

2° Qu'il en serait ainsi, quand bien même la servitude aurait été stipulée temporaire et révocable à volonté (2e et 3e principe);

3° De cette circonstance, que le canal destiné au passage des eaux du domaine de Charance est un aquéduc et que le droit d'en jouir a été concédé par titre, sans limite de temps, l'on est obligé d'en tirer la conséquence que l'usage de la servitude doit durer à perpétuité (6e principe);

4° En vertu du 7e principe, ces mêmes aquéducs, abstraction faite de tous titres, doivent être considérés comme ayant été établis à toujours; parceque, dans ce cas, la perpétuité est écrite sur le terrain, comme dit M. Daviel, en caractères irrécusables, et

---

(1) Apostille de Dumoulins, sur l'article 220 de la coutume de Blois.— Daviel, *Traité de la législation des cours d'eau*, tome 2, n° 880.

(2) Article 1156 du code Napoléon.—Cassation, 26 juillet 1831.—Sirey, volume 31, partie 1re, page 316.

que le silence du propriétaire du fonds servant, qui souffre sur ses héritages des ouvrages dont la destination est d'exister perpétuellement, caractérise assez, en faveur du propriétaire du fonds dominant, une possession contradictoire, qui n'est rien moins que précaire, et suppose l'acquisition d'une véritable co-propriété sur la partie du fonds dans laquelle les constructions se trouvent incorporées (1).

5° Le précaire ne se présumant pas, si l'on prétend que les aquéducs ne sont possédés que précairement par M. Pascal, il faut ou que la précarité soit prouvée par le titre de la concession, ou qu'elle résulte de la commune intention des parties, si le titre est ambigu.

Or, ce titre, loin de prêter à des interprétations diverses et opposées, est au contraire très explicite. Dans la délibération du 21 janvier, le Conseil municipal *a accordé à M. Pascal le droit de passage de ses eaux, sur les chemins vicinaux et les terrains communaux de la ville de Gap.* L'idée de droit est exclusive de celle de tolérance. Ce mot comporte quelque chose d'entier, d'absolu, qui n'a rien d'éventuel et qui répugne invinciblement à la simple autorisation consentie par tolérance ou par esprit de familiarité. Cette concession doit donc être considérée comme n'étant pas précaire.

---

(1) Coquille, sur l'article 2, chapitre 10, Nivernais.—Bourjon, *Droit com. de la France*, titre *Des servitudes*, section 3, n° 14.—Toullier, *Droit civil*, tome 3, n° 622.

Il résulte pareillement des termes de la même délibération que la servitude a été concédée sans restriction, quant à la durée. Elle n'est donc pas temporaire. On n'y a stipulé aucun cas dans lequel il pourra devenir facultatif aux concédants de la supprimer. Elle n'est donc pas révocable à volonté.

Un argument qui sert encore à prouver d'une manière bien péremptoire que M. Pascal a entendu obtenir sa servitude d'acquéduc, non pas *à titre précaire*, mais *in animo domini*, se tire de la commune intention des parties contractantes.

En effet, il est de notoriété publique que l'impétrant a passé avec l'administration de la guerre un marché par lequel celui-ci a pris l'engagement de fournir à perpétuité, moyennant une rente annuelle de 300 fr., l'eau nécessaire à l'alimentation d'une fontaine que l'on doit établir dans la cour des casernes.

C'est aussi un fait certain qu'au prix de 6,000 fr. une fois payés, M. Pascal s'est chargé d'amener, également à perpétuité, au palais épiscopal de cette ville, une quantité déterminée des eaux de son domaine de Charance, et qu'il se dispose à créer pour son propre compte un établissement de bains dans sa maison de la rue du Palais. La réalisation de tous ces projets l'entraînera dans de grandes dépenses, c'est incontestable.

Or, dans l'hypothèse d'une autorisation temporaire

et révocable à volonté, comment concevoir que le concessionnaire, homme d'un grand sens et entendant parfaitement ses intérêts, se soit jeté ainsi à l'étourdie dans une aussi coûteuse entreprise, et qu'il se soit si inconsidérement décidé à consacrer des capitaux considérables à l'exécution de travaux qu'on eût pu l'obliger de détruire sur une simple réquisition et sans indemnité aucune.

En vérïté, une telle supposition n'est pas admissible.

Le Conseil municipal, de son côté, a eu l'intention de faire une concession n'ayant rien de précaire ni de temporaire.

Ce Conseil, quand il a délibéré le 21 janvier, connaissait très-bien la nature des engagements contractés avec le ministère de la guerre et l'évêché par M. Pascal.

En votant comme il l'a fait, il a eu surtout en vue de hâter et de faciliter la conclusion du marché pour lequel ce dernier était en pourparler avec l'administration militaire.

D'autre part, l'on sait combien les bureaux de cette administration sont, avec raison, minutieusement scrupuleux dans l'examen et la réception des pièces, titres et actes produits par les personnes avec lesquelles ils traitent; qu'ils ne s'engagent que difficilement et à bon escient.

Ne devient-il pas dès-lors évident que la concession

d'un droit de passage précaire n'eut eu d'autre résultat que de faire manquer le marché en voie d'être conclu: ce qui eût été en opposition manifeste avec les intentions bien connues du Conseil municipal, et que M. le Ministre de la guerre ne serait jamais convenu d'acquitter annuellement une rente perpétuelle, si, de son côté, M. Pascal n'eut pas été apte à prendre, et n'eut pas pris effectivement l'engagement corrélatif de fournir aux casernes des eaux à perpétuité.

Un autre fait qu'il importe de ne point passer sous silence, c'est que, dès 1849, notre adversaire se trouvait nanti d'une autorisation de voirie temporaire et révocable, rédigée dans la forme ordinaire, et qu'il tenait de M. Amat, maire de Gap à cette époque.

M. Pascal, en sollicitant du Conseil municipal un droit de passage sur les chemins de la ville, n'a pas pu avoir par conséquent l'intention de demander une concession à titre précaire, puisqu'il l'avait déjà; et le Conseil, qui connaissait ce fait, qui savait qu'une nouvelle concession semblable à l'ancienne lui serait inutile, a sans nul doute voulu le doter d'un droit tout autre, d'un droit plus étendu, c'est-à-dire d'un droit irrévocable et d'une durée illimitée, d'un droit tel enfin que celui qui lui a été réellement concédé; c'est ce qui résulte au surplus de la nouvelle forme dans laquelle a été passé l'acte de concession.

Si l'on se reporte à l'arrêté règlementaire de M. le

Préfet des Hautes-Alpes, en date du 1er septembre 1837, relatif à l'exécution de la loi du 21 mai 1836 sur les chemins vicinaux, on voit que d'après l'esprit, si non d'après le texte de ce règlement qui, soit dit en passant, pèche par de nombreuses lacunes, et en faisant par analogie application de l'article 76, ainsi conçu :

« Les propriétaires pourront établir des ponts per-
« manents ou temporaires pour communiquer à leurs
« propriétés........................... »

« Ces ponts ne pourront être construits qu'avec
« l'autorisation du Maire, en ce qui concerne les che-
« mins vicinaux, ou du Sous-Préfet, sur le rapport de
« l'agent-voyer, pour les chemins vicinaux de grande
« communication. »

On voit, disons-nous, que ce ne sont jamais les conseils municipaux qui doivent donner les autorisations dites de tolérance.

Ce règlement, dont l'observance a été recommandée dans une circulaire du 30 octobre 1837, insérée dans le recueil des actes administratifs du département, a toujours été fidèlement exécuté.

Ainsi, à Gap, soit dans les bureaux de la mairie, soit dans ceux de la Préfecture, toutes les fois qu'il s'est agi de délivrer des autorisations de l'espèce, on l'a toujours et constamment fait d'après le modèle transcrit littéralement ci-dessous (1). Ce modèle, qui est aussi celui que suit l'administration des ponts et chaussées, détermine dans son article 1er la dimension des travaux à exécuter; dans l'article 2, l'alignement à suivre; dans l'article 3, le délai dans lequel les travaux devront être terminés, et dans le 6me, il est stipulé que tous les frais de construction ou de réparation seront à la charge de l'impétrant, l'administration se réservant le droit de faire supprimer les ponts ou les aquéducs, dans

---

Du quinze septembre mil huit cent cinquante-un.

(1) Nous Préfet du département des Hautes-Alpes ;

Vu la demande en date du 26 juin dernier, par laquelle le sieur Jullien Aimé, propriétaire à Orpierre, sollicite l'autorisation de construire un aquéduc en travers du chemin de grande communication n° 23, de Ribiers à Laborel, au quartier du Bachas, commune d'Orpierre;

Vu l'avis de M. l'agent-voyer chef;

Vu le plan des lieux;

Vu la loi du 21 mai 1836, et le réglement préfectoral du 1er septembre 1837,

Arrêtons :

Art. 1er. Le sieur Jullien Aimé, propriétaire à Orpierre, est autorisé, aux conditions suivantes, à construire un aquéduc en travers du chemin vicinal de grande communication n° 23, de Ribiers à Laborel, au quartier du Bachas, commune d'Orpierre.

1° L'aquéduc sera établi aux points A B, marqués en rouge sur le plan ci-annexé. Il sera construit en maçonnerie ordinaire à chaux et sable; il aura 0m80 de hauteur, 0m60 de largeur. Les pieds droits auront une longueur ensemble de sept mètres, une hauteur de 0m80 et une épaisseur de 0m60. L'aquéduc sera pavé au fond avec une pente de 0m05 pour cent; il sera recouvert en dalles de 0m20 d'épaisseur reposant de 0m20 de chaque côté sur les pieds droits. Les dalles seront recouvertes d'une couche de gravier de 0m30 d'épaisseur ;

2° L'alignement sera tracé sur les lieux avant l'exécution, par l'agent-voyer d'arrondissement ou par un agent-voyer secondaire; à la sortie des

le cas où leur existence serait considérée comme nuisible à la viabilité.

Enfin, avant comme après le 21 janvier, pour les chemins appartenant à la petite voirie, sur le territoire communal, les autorisations sollicitées ont toujours été délivrées et signées par M. le Maire de Gap, sans la participation du Conseil municipal.

Une seule fois, à l'occasion du droit de passage accordé à M. Pascal, on a jugé à propos de s'écarter des règles suivies. Quels ont pu être les motifs de cette singulière exception? Ces motifs, les voici: ils sont tellement

---

fondations, il sera dressé un procès-verbal de recolement constatant que l'alignement a été bien suivi;

3° L'aquéduc sera construit par moitié, de manière à ne pas entraver la circulation. Les têtes seront en moëllons smillés. Il sera établi un puisard en amont, afin de recevoir les eaux;

4° Il est défendu de tailler les pierres, éteindre la chaux et fabriquer le mortier sur la voie publique; néanmoins les matériaux nécessaires à cette construction pourront être déposés sur la voie publique, mais il ne devront occuper que le tiers de la largeur.

5° Les travaux seront terminés dans le délai de deux mois à partir de ce jour, et immédiatement après les lieux seront entièrement déblayés et remis dans leur état primitif;

6° Tous les frais que pourra occasionner la présente construction demeurent à la charge de l'impétrant. L'administration se réserve le droit de faire supprimer sans indemnité l'aquéduc dans le cas où son existence serait reconnue nuisible au chemin. Le pétitionnaire ou ses ayant-droits demeurent chargés à perpétuité de l'entretien dudit aquéduc.

ART. 2. Ampliation du présent arrêté sera adressé à M. l'agent-voyer chef qui demeure chargé d'en assurer l'exécution, et d'en faire notifier les dispositions au sieur Jullien.

Fait à Gap, les jour, mois et an susdits, etc.

transparents qu'aucun n'aura, sans doute, échappé à la perspicacité du lecteur.

En acceptant la concession dans les termes sacramentels que l'on a fait connaître, l'adversaire des co-riverains se fut trouvé trop gêné dans l'exercice de son droit par les clauses taisant l'objet des articles 1 et 2.

Celle énoncée en l'article 6 aurait réduit la concession à une simple affaire de tolerance. On a vu précédemment comme quoi M. Pascal n'était pas homme à entreprendre d'importants travaux sur la foi d'un titre aussi restreint et aussi éphémère. Avant de mettre la main à l'œuvre, tous ses efforts ont donc dû tendre à se débarasser de ces entraves.

Il y a réussi, en obtenant que dans l'acte de concession les clauses gênantes, dont il a été question, fussent supprimées; en faisant en sorte que ce fut le Conseil municipal et non M. le maire de Gap qui lui concédât directement le passage demandé.

Les raisons qui ont porté notre adversaire à ajouter une si haute importance à l'intervention du Conseil municipal sont faciles à deviner.

D'ordinaire, a-t-il dû penser, ce sont les maires qui donnent les autorisations de voirie et les Conseils municipaux qui consentent les aliénations de biens appartenant aux communes: tenons notre droit, non de M. le maire de Gap, mais du Conseil municipal; de l'abstention de ce magistrat résultera d'une part une forte présomption que ce n'est point une simple possession précaire qu'on aura voulu autoriser.

La participation du Conseil sera, d'autre part, la preuve que le passage accordé l'aura été à titre définitif et qu'il ne sera intervenu que pour donner au droit concédé le caractère d'une aliénation. Sur ce point, c'est une justice à lui rendre, l'habileté de M. Pascal ne s'est pas trouvée en défaut. C'est bien une véritable aliénation qui lui a été consentie par l'acte du 21 janvier.

La suite de la discussion va mettre au surplus le lecteur à même d'en juger.

On entend par aliénation d'immeubles non seulement les mutations de choses immobilières par leur nature, mais encore celles de choses qui ne sont immeubles que pour l'objet auquel elles s'appliquent ou par la détermination de la loi (1).

C'est pourquoi M. Dalloz, dans son répertoire de législation, de doctrine et de jurisprudence, met les servitudes actives au nombre des biens immobiliers dont se compose le patrimoine des communes (2).

La raison en est que, lorsqu'on constitue une servitude, on démembre la propriété (3), et que l'on fait passer la

---

(1) Dalloz, *Nouveau répertoire*, tome 21, numéro 2272.

(2) *Idem*, tome 10, numéro 1909.

(3) Championnière et Rigaud, *Traité du droit d'enregistrement*, tome 1, n° 589.—*Diction. des Rédact.*—V° *Servitude*, n° 15.

partie du fonds servant démembré aux mains du maître du fonds dominant (1).

Un tel démembrement n'est pas, il est vrai, aussi marqué que dans l'usufruit; mais, comme l'usufruit, il n'en est pas moins *in bonis*, et comme tel susceptible de possession ou de quasi possession.

Ce n'est donc pas sans fondement que l'on a toujours considéré l'établissement d'une servitude comme étant une véritable aliénation de droit immobilier (2).

La jurisprudence, sur ce point, vient confirmer l'opinion des auteurs.

Ainsi, d'après une décision du ministre des finances du 10 octobre 1826, la concession d'une servitude consentie moyennant un prix déterminé par des experts, est certainement un acte translatif d'un droit immobilier.

En vain prétendrait-on, porte cette décision, que l'on ne trouve point dans la convention les expressions de vente ou d'acquisition; les effets de cet acte étant de transmettre un droit sur la propriété, moyennant une indemnité, c'est bien là une convention qui réunit tous les caractères de la vente et que conséquemment l'on doit considérer comme telle (3).

Selon M. Leber, auteur du code municipal, le bureau

---

(1) Dalloz, tome 21, loco citato.

(2) *Traité des servitudes réelles,* par Salon, page 357.

(3) *Journal de l'enregistrement*, tome 21, numéro 3917.

du contentieux des communes, au ministère de l'intérieur, suit la même jurisprudence, et considère les établissements et les extinctions de servitudes comme de véritables aliénations qui tombent sous l'application de l'art. 19, numéro 3, de la loi du 18 juillet 1837, de même que les cantonnements, les rachats, les droits d'usage et les concessions de mines, minières et carrières (1).

Le Conseil d'Etat a également statué, par un arrêt du 7 août 1810, qu'un conseil municipal ne pouvait, sans l'autorisation de l'administration supérieure, conférer à un particulier le droit d'appuyer une construction sur un mur appartenant exclusivement à la commune, parce que la concession d'un pareil droit était une servitude, ou, en d'autres termes, une aliénation immobilière, et qu'une commune ne peut aliéner son patrimoine sans y avoir été préalablement autorisée (2).

Enfin, la Cour de cassation a décidé implicitement, par un arrêt du 13 février 1828, intervenu dans l'affaire entre les époux Heet et la ville de Strasbourg, qu'un aquéduc traversant une rue dans sa largeur est une servitude, laquelle emporte aliénation du domaine communal (3).

Des autorités et des textes qui viennent d'être cités,

---

(1) *Code municipal*, pages 117 et 118.

(2) Dalloz, *Répertoire*, tome 10, numéro 2131, V. *Communes*.

(3) Dalloz, *Rec. pér.* 28, 1, 129.

découle donc la conséquence que les aquéducs construits par M. Pascal sur les chemins et terrains communaux de la ville de Gap constituent à son profit une véritable aliénation du terrain assujetti à la servitude; que la servitude ayant été établie à perpétuité, l'aliénation revêt nécessairement le même caractère et est aussi perpétuelle.

Mais à quelle espèce faut-il rapporter l'aliénation dont il s'agit?

Les communes ne peuvent se dessaisir de leurs immeubles que par vente, échange ou donation. Evidemment, la concession en question n'est point une vente, car, de deux parties, l'une ne s'oblige point à livrer une chose et l'autre à la payer. (Art. 1583).

Ce n'est pas non plus un échange, puisque les deux parties ne se donnent respectivement pas une chose pour une autre. (Art. 1702).

Mais c'est une donation. En effet, la donation est une libéralité faite volontairement par une personne au profit d'une autre: *mera liberalitas, in accipientem, nullo jure cogente facta* (1).

Le code Napoléon la définit un acte par lequel le donateur se dépouille actuellement et irrévocablement de

(1) Lux. 1, *in princ. ff. de donat.*

la chose donnée en faveur du donataire qui accepte. (Art. 894).

La donation est un contrat essentiellement gratuit, car, sans cela, elle ne serait pas une libéralité, c'est-à-dire, ce qui est de l'essence même des donations.

Enfin, des droits d'usufruit, d'usage, d'habitation et de servitude peuvent être l'objet de ce contrat (1).

Est-il besoin de dire que la concession octroyée par le Conseil municipal réunit, à un dégré éminent, toutes les conditions qui viennent d'être énumérées comme étant la base de la donation. D'abord, évidemment, c'est une libéralité et une très-belle libéralité, puisque cette concession fournira à M. Pascal le moyen de réaliser, en vendant l'eau dont il aura le monopole, un bénéfice net et annuel de quatre à cinq mille francs; et cette libéralité est d'autant plus belle qu'on a poussé la gracieuseté à son égard jusqu'à lui concéder les droits les plus étendus, des droits tels, que dans ce même pays et dans les bons temps de la féodalité, les seigneurs hauts-justiciers, les anciens dauphins du Viennois n'en avaient pas de plus grands sur les terrains et les chemins publics situés dans l'enclave de leurs fiefs.

Soixante-et-treize chemins vicinaux couvrent de leur

(2) *Répertoire*, Dalloz, tome 21, n° 8061.

réseau le territoire de la commune de Gap; la ville se compose d'une soixantaine de rues : notre nouveau seigneur banneret, en vertu de sa charte, aura le droit de sillonner dans toute leur longueur, de couper dans leur largeur, de fouiller, de défoncer chacun de ces chemins et chacune de ces rues, où, quand et comment il lui plaira; il pourra acheter, accaparer toutes les eaux aux quatre points cardinaux du bassin; du moment qu'elles seront devennues siennes, le droit de les passer lui sera acquis.

Quand une perte d'eau se manifestera, des ouvriers seront placés simultanément sur vingt points différents pour la découvrir et y porter remède.

Ce travail de réparation devra se renouveler fréquemment; il entraînera pour le public et la viabilité des désagréments de toute espèce. Personne n'aura mot à dire; car, après tout, en agissant ainsi, le concessionnaire ne fera qu'user d'un privilège dont l'auront gratifié ses concitoyens par l'organe de leurs mandataires légaux, et le don paraîtra avoir été fait d'une manière d'autant plus légale qu'il aura été approuvé par l'autorité supérieure.

Mais ce qui donne surtout à l'obtention de ce privilège le caractère d'une libéralité très-prononcée, c'est qu'en vue de cette concession, aucune charge n'a été imposée à l'honorable membre du Conseil municipal qui a été assez heureux pour l'obtenir.

Par forme de compensation, l'administration de la ville aurait pu, par exemple, profiter de cette circonstance pour régler de la manière la plus avantageuse les conditions auxquelles il lui aurait été loisible d'acquérir, présentement ou plus tard, les eaux et les aquéducs de M. Pascal, à l'effet d'établir dans Gap les fontaines dont, au dire de l'autorité locale, le besoin se fait si vivement sentir. Non seulement elle ne l'a point fait, mais la délibération du 21 janvier établit, au contraire, que la question des fontaines a été mise de côté et renvoyée indéfiniment, et que la seule cause avouée de la concession a été non pas le plus grand avantage des administrés, mais l'urgence d'arrêter les progrès d'une affection scorbutique épidémique, laquelle, heureusement, ainsi que l'on verra plus tard, n'a jamais existé qu'à l'état de mythe.

En outre, doit-on considérer comme une condition onéreuse l'obligation qui incombe à ce dernier d'alimenter la fontaine des casernes ?

Loin d'être une charge, c'est un moyen qu'on lui a donné de tirer un très bon parti du filet d'eau qu'il a destiné à cet usage.

La concession faite à M. Pascal doit donc, sous tous les rapports, être considérée comme une donation à titre purement gratuit. Reste à examiner si les parties ont entendu la rendre irrévocable. La réponse ne saurait être qu'affirmative. On en est convaincu du moment que l'on a la certitude que donateurs et donataire ont voulu, les uns concéder, le second accepter, à titre non précaire, non révocable et à perpétuité.

En définitive, et pour résumer ce premier paragraphe, la concession Pascal est une véritable servitude; cette servitude est une véritable aliénation immobilière; plus spécialement, c'est une donation à titre gratuit.

Ces points admis, on peut aller droit au cœur de la question.

§ 2.

Nullités de la délibération du 21 janvier.

On va discuter, dans ce paragraphe, la régularité et la validité de la délibération du 21 janvier, dont la copie a été donnée page 5.

Il est de principe et de jurisprudence que dans les actes passés pour le compte des communes, on doit observer non seulement les formes administratives prescriptes par la loi, mais encore les règles propres à chacune des manières de disposer de la propriété (1).

L'article 10 de la loi du 28 juillet 1824 sur les chemins vicinaux porte que les aliénations, acquisitions et échanges concernant ces chemins ne sont autorisés qu'après enquête de *commodo et incommodo*.

Les concessions de biens de l'espèce intéressant toujours plus ou moins directement les habitants dont les droits individuels peuvent se trouver froissés ou compromis par l'aliénation projetée, il est indispensable qu'ils soient avertis et qu'ils soient invités à produire leurs réclamations.

---

(1) Avis du Conseil d'Etat, du 21 février 1838.

De cette manière, l'administration publique est mise à portée de prononcer avec connaissance de cause ; de cette manière aussi, elle protège et conserve les intérêts des tiers, par le moyen qu'elle leur donne de les défendre.

Du moment donc que cette formalité est éminemment utile, il importe peu qu'elle soit légalement nécessaire pour que l'autorité supérieure intéressée à son maintien se fasse un devoir de la remplir, dans les cas mêmes où elle n'est pas d'obligation (1).

Aussi a-t-il été jugé que les habitants d'une commune étaient recevables à attaquer *ut singuli*, même par la voie contentieuse, une ordonnance qui, sans qu'ils eussent été entendus dans une enquête, a prescrit la réunion en une seule fontaine de deux sources situées dans la commune sur lesquelles ils prétendaient avoir des droits de propriété ou de jouissance ; et l'ordonnance attaquée a été rapportée par une autre ordonnance en Conseil d'Etat, du 14 juillet 1831, dont nous donnons ci-après le texte à cause de l'analogie qu'elle présente avec la question qui nous occupe.

Espèce. — Commune des Menuls contre Singler. — 2 avril 1829, ordonnance qui prescrit la rectification

---

(1) *Code municipal.* — Leben, page 389. — Proud'hon, *Traité du domaine public*, page 131, tome 2. — Dalloz, *Répertoire*, tome 10, numéro 2428. — Par-dessus, *Traité des servit.* titre 1er, pag. 98.

de la route de Corbeil à Mantes. La nouvelle route doit traverser un immeuble du sieur Singler et opérer le déplacement d'un chemin situé sur le territoire de Mantes. L'ordonnance attribuait la propriété de ce chemin à Singler, à la charge par lui d'en établir un autre, et de souffrir, de la part des habitants de la commune, l'usage de deux sources bordant l'ancien chemin. Du reste, Singler était autorisé à réunir ces deux sources en une seule fontaine. Plusieurs habitants, agissant *ut singuli* ont attaqué cette ordonnance comme destructive de leurs droits à la propriété ou jouissance des deux sources. La commune l'a ensuite attaquée, sur le motif qu'elle ne peut être dépouillée de la propriété du chemin abandonné à Singler, sans que l'utilité de cette aliénation ait été légalement constatée et qu'il y ait eu à cet égard une enquête de *comodo et incommodo*... etc.

« Louis-Philippe, etc...... Sur la fin de non-recevoir,
« présentée contre le pourvoi des habitants de la com-
« mune des Menuls; considérant qu'ils n'ont été enten-
« dus dans aucune enquête, et qu'ils prétendent
« avoir des droits de propriété ou de jouissance sur
« les sources litigieuses; que, dès-lors, ils sont rece-
« vables à s'opposer à l'ordonnance du deux avril
« 1829, en ce qu'elle peut avoir de contraire à leurs
« droits.................................
« .... Au fond; considérant que les droits de l'Etat
« relatifs à la rectification de la route royale, numéro

« 191, ne s'étendent pas jusqu'à ordonner la réunion « des deux sources et l'échange du terrain de l'ancien « chemin communal contre le terrain nécessaire au che- « min qui doit le remplacer, et que d'ailleurs ces dispo- « sitions ne devaient avoir lieu que sous la condition « que les tiers intéressés y auraient acquiescé et qu'ils « refusent cet acquiescement ;

« Art. 1er. L'article 2 de notre ordonnance du 2 « avril 1829 est rapporté. » (1)

La loi du 21 mai 1836 n'a point supprimé la formalité de l'enquête; celle du 18 juillet 1837 a renouvelé en partie les dispositions de la loi de 1824, tout en les modifiant et en les appliquant d'une manière plus générale. Ainsi, l'article 19, numéro 3 de cette loi, dispose que les Conseils municipaux délibèrent sur les acquisitions, aliénations et échanges de biens communaux; les articles 20 et 46, que ces délibérations ne sont exécutoires que sur arrêté du Préfet, en Conseil de préfecture, quand il s'agit d'une valeur n'excédant pas 3,000 francs, pour les communes dont le revenu est au-dessous de cent mille, et de 20,000 francs, pour les autres communes; que s'il s'agit d'une valeur supérieure, il est statué par le chef de l'Etat; qu'enfin l'article 10,

(1) Dalloz, *Répertoire*, tome 10, numéro 1142.

numéro 6 et 7, porte que c'est le maire qui est chargé, sous la surveilance de l'autorité supérieure, de souscrire dans les formes établies par les lois, les marchés, actes d'aliénation, vente, échange, partage, acceptation de dons ou legs, acquisition, transaction, lorsque ces actes ont été autorisés, conformément aux lois; que lorsque l'aliénation revêt les caractères d'une donation, c'est un notaire et non le maire et encore moins le Conseil municipal qui a qualité pour passer l'acte; telle étant la disposition formelle de l'article 931 du code Napoléon; qu'enfin l'article 932 du même code exige, sous peine de nullité, que la donation soit acceptée d'une manière expresse et par le ministère d'un officier public.

Ces principes sont élémentaires, de la dernière évidence; il n'est donc pas à supposer qu'on puisse, de bonne foi, les contester; c'est le cas maintenant d'examiner quelle est l'application qui en a été faite à la concession octroyée à M. Pascal.

1° Les formes administratives voulues par les lois et les règlements n'ont pas été observées. Ainsi, il n'y a pas eu d'enquête et la délibération portant concession n'a pas été approuvée par le Préfet en Conseil de préfecture ou par le chef de l'État. Or, puisque l'autorité municipale ne doit procéder à la passation des actes d'aliénation que lorsqu'ils ont été autorisés, conformément à la loi, il en résulte que l'omission de ces deux formalités substantielles constituent deux nullités radicales.

2° La concession attaquée étant la concession d'une servitude et, conséquemment, l'aliénation d'un droit immobilier, il n'était permis au Conseil municipal que d'émettre un avis, que de formuler son opinion sur l'opportunité de la mesure projetée (1); il n'avait nullement le droit de règlementer, régir, administrer en cette circonstance, comme dans les quatre cas prévus par l'article 17 de la loi du 18 juillet 1837; en traitant directement avec M. Pascal, en octroyant la concession de la servitude, au lieu de se prononcer purement et simplement sur l'utilité de l'aliénation, ce Conseil a donc outrepassé ses pouvoirs et fait un acte que la loi interdisait.

3° Le Maire étant spécialement chargé du pouvoir exécutif de la commune et ayant seul qualité pour traiter, agir et passer des actes en son nom, le Conseil municipal de la ville de Gap a aussi empiété sur les attributions de ce magistrat; il s'est immiscé dans l'exercice de ses fonctions; il s'est substitué en son lieu et place, en représentant la commune dans l'acte et l'exécution. Dans ce cas, ce Conseil a fait de rechef un acte qui lui était formellement interdit.

Or, l'article 1108 du code Napoléon fait de la capa-

(1) Dalloz, *Répertoire de lég. dict. jurisp.*, tome 9, nos 360, 376 et 377.

cité de contracter une condition essentielle de la validité des conventions.

L'article 1124 déclare incapables de contracter ceux à qui la loi a interdit certains actes.

En outre, l'article 18 de la loi spéciale du 21 mars 1831 prononce la nullité des délibérations des Conseils municipaux portant sur des questions étrangères à leurs attributions, c'est-à-dire, sur des questions qui excèdent leurs attributions, telles qu'elles sont limitées et définies par le législateur.

Dès-lors, la délibération du 21 janvier doit être à bon droit considérée comme nulle et, partant, comme inefficace.

En l'espèce, une irrégularité non moins flagrante résulte encore de l'inobservation des dispositions énoncées dans les articles 931 et 932 du Code civil.

La donation faite en faveur de M. Pascal n'a pas été reçue par un notaire.

M. Pascal ne l'a point acceptée d'une manière expresse ni par acte authentique.

Dans le cas où l'on nous opposerait l'acceptation tacite, le silence, la confirmation ou la ratification des parties intéressées, tous ces moyens seraient impuissants à couvrir ces vices de forme et à y suppléer.

D'où la conséquence que la délibération du 21 janvier, en tant que donation, est un acte d'une nullité absolue.

Enfin, en admettant que la concession qui fait grief

aux propriétaires riverains de La Bonne ne soit qu'une autorisation de voirie, à titre de pure faculté, ne constituant ni servitude, ni aliénation, ni donation ; eh bien ! même dans cette hypothèse, la délibération du 21 janvier n'en demeure pas moins atteinte de nullité. En effet, on n'a pas oublié que le conseil municipal a accordé à M. Pascal le droit de passage de ses eaux sur les chemins vicinaux et terrains communaux de la ville. La clause qui confère ce droit est conçue en termes si généraux qu'elle n'admet point d'exception et comprend tous les chemins, aussi bien ceux de grande communication que ceux qui n'appartiennent qu'à la petite voirie. Dans le premier cas, il y a eu, de la part du conseil municipal, empiétement sur les attributions du Préfet, puisque ces chemins, ainsi qu'on l'a vu, sont placés sous son autorité directe ; dans le second cas, l'empiétement porte sur celles du maire, attendu qu'en matière de petite voirie, le droit d'accorder de semblables autorisations est dévolu à cette autorité par le réglement déjà cité du 1er septembre 1837.

Mais il y a plus, des irrégularités d'un autre ordre, beaucoup plus graves peut-être et que l'on regrette vivement d'être obligé de signaler dans une délibération prise par un conseil municipal de chef-lieu de département, suffiraient à elles seules pour enlever à cette délibération toute son efficacité, si déjà ce n'était un fait consommé. Ainsi, c'est un point acquis, constaté, et à la connaissance de M. le Préfet des Hautes-Alpes, que le 8 mai 1852 cette délibération n'était signée que par quatre des membres qui y avaient assisté, et si le 25 février M. le Conseiller de préfecture délégué a cru devoir approuver cette même délibération, c'est qu'au vu de la mention, *et suivent les signatures*, mise au bas de l'expédition qui lui était soumise, il a dû être pleinement convaincu qu'au moins, sous ce rapport, le procès-verbal de la séance du 21 janvier était irréprochable.

Or, aux yeux du défenseur des droits des propriétaires riverains, l'omission de *huit* signatures sur *douze*, au bas de la délibération dont il s'agit, est une irrégularité que rien ne peut excuser et une nullité que rien ne saurait couvrir.

L'article 28 de la loi du 18 juillet 1837 impose à tous les membres présents l'obligation de signer la délibération à laquelle ils ont assisté, et bien que cet article ne porte avec lui aucune sanction, les traditions administratives, la doctrine, la jurisprudence du conseil d'État nous apprennent que, pour que les délibérations d'un conseil municipal soient valables et obligatoires, il est nécessaire que les faits et les dire qu'elles ont pour but de constater y soient exprimés d'une manière probante et formelle.

La signature n'est-elle pas alors, et sans contredit,

le premier, le plus sûr, le seul moyen d'imprimer aux procès-verbaux de l'espèce ce caractère d'authenticité?

« Une formalité très-essentielle pour la validité des « actes, dit Toullier, est la signature des personnes « parties à l'acte. C'est cette signature qu'on regarde « comme le témoignage nécessaire de leur volonté ; c'est « le signe de leur consentement donné librement ; c'est « le sceau de la vérité de l'acte

« Avant la signature, ajoute ce jurisconsulte, l'acte « n'est qu'un simple projet qui ne prouve rien par lui- « même (1). »

Un autre auteur, dont on ne contestera pas la compétence en pareille matière, M. Leber, dans son Code municipal, sur cette question s'exprime ainsi :

« La disposition de l'article 28 de la loi de 1837 « n'est pas seulement une mesure d'ordre ; mais elle a « aussi, et plus particulièrement pour objet la garantie « des droits et des intérêts soumis aux délibérations « des conseils municipaux.

« Les délibérations sont des titres pour les commu- « nes et les tiers avec lesquels elles contractent, lors- « qu'elles portent sur des projets de vente, acquisition, « échange, transaction ou autres actes de propriété.

---

(1) Toullier, *Droit civ.*, tome 8, n° 260.

« Alors, elles deviennent la base des contrats qui les
« consacrent, des arrêtés ou ordonnances qui les auto-
« risent aux conditions établies ou acceptées par le
« conseil municipal; et, si l'exécution souffre des diffi-
« cultés, c'est au registre des délibérations qu'on a
« recours; c'est le vote écrit du conseil municipal qui
« fait foi. Ce sont encore les mêmes registres exacte-
« ment tenus qui peuvent seuls justifier ou écarter les
« pourvois formés contre les actes municipaux, pour
« cause d'irrégularité ou d'illégalité des délibérations
« d'où ils dérivent ou même de suspicions plus graves
« qu'une administration consciencieuse doit s'attacher
« à prévenir, en ne négligeant aucun des moyens
« propres à les repousser.....................
« C'est la participation des membres présents à la déli-
« bération qui fait le vote. Il importe donc de ne pas
« séparer la signature de la présence pour constater la
« majorité et, conséquemment, le vote. » (1).

Le langage de M. Dalloz n'est pas moins explicite sur la nécessité de signer les délibérations. D'après cet auteur, une délibération à laquelle manquent des signatures n'est point valable, excepté dans le cas où ce serait des conseillers composant la minorité qui n'auraient point voulu signer, parceque leur opinion

(1) *Code municipal*, pag. 514 et 515.

n'aurait pas été suivie. Dans cette hypothèse, la délibération serait valable, car il ne peut dépendre de la minorité d'invalider à son gré les décisions de la majorité, en refusant de signer; mais alors, il est indispensable que le procès-verbal soit signé par la majorité des membres présents ou que mention expresse soit faite de l'impossibilité où ils se seraient trouvés de signer, soit à cause de leur ignorance, soit pour toute autre cause. (1)

Dans l'espèce, douze membres ayant assisté à la délibération du 21 janvier, sept voix au moins étaient requises pour la majorité, et comme le procès-verbal de la séance ne constate pas qu'aucun des conseillers présents se soit opposé à la mesure et ait, pour ce motif ou pour d'autres, refusé de signer, on est en droit de conclure que le projet de concession a été adopté à l'unanimité.

Lors donc que le 8 mai la mairie de Gap a délivré, sur timbre, l'expédition qui est produite à l'appui de ce mémoire, avec la mention, *et suivent les signatures*, quand ce même jour il n'en existait que quatre, celles de MM. Blancsubé, Roubaud, Pellegrin et Lesbros, huit signatures des membres composant la majorité étaient omises, bien que le contraire semble résulter de l'expédition sus-mentionnée.

---

(1) *Répert.*, tom. 9, n° 267.—Bost, n°s 203 et suivants.

Les promoteurs de la donation Pascal ne nient point le fait de l'omission des signatures, mais ils n'admettent pas les conséquences qui en sont tirées.

La délibération n'a pas été signée. Qu'importe, disent-ils, cette formalité. L'administration municipale, à Gap, n'a jamais fait autrement. Des délibérations qui remontent jusqu'en 1848, d'autres qui sont beaucoup plus anciennes sont restées jusqu'à ces derniers temps sans être signées. Le public et l'autorité supérieure qui le savaient n'ont jamais, à ce sujet, adressé le moindre reproche ni élevé la moindre plainte; ce qui prouve qu'on n'a jamais attaché une bien grande importance à ce que les délibérations soient revêtues de la signature des membres qui y ont pris part.

A cette argumentation qui n'est que spécieuse, le défenseur des droits des propriétaires riverains répond : 1° que nos lois n'admettent nullement qu'une formalité impérativement prescrite, soit, sous aucun prétexte, éludée de dessein prémédité ou omise par négligence et incurie ; 2° qu'on n'est jamais reçu à justifier un abus par un abus plus grave encore ; 3° que plus l'abus est invétéré, plus les moyens à employer pour parvenir à son extirpation doivent être prompts et énergiques.

En administration, suivre des errements contraires à ces maximes, ce serait énerver l'action du pouvoir, laisser prendre pied au désordre, et se mettre ouvertement en opposition avec les vues hautement manifestées du Gouvernement, qui veut en tout et partout la légalité

Le bon sens, la raison, le bien public ne permettraient pas qu'il en fût ainsi.

Par toutes ces considérations, l'on se plaît à penser que l'autorité, quelle qu'elle soit, qui sera appelée à statuer sur le litige, n'hésitera pas à reconnaître le bien fondé de la réclamation des propriétaires riverains, à l'endroit de l'omission des signatures; qu'elle la considérera comme une cause de nullité capitale, se saisira de ce motif pour déclarer la délibération inefficace et qu'enfin, elle complétera les mesures déjà prises par l'administration départementale, à l'effet d'empêcher qu'à l'avenir de semblables abus ne se reproduisent.

Une nouvelle irrégularité, sans contredit la plus grave de toutes, est celle à l'appréciation de laquelle nous allons nous livrer.

Personne n'ignore que, dans certains cas, un maire et un conseiller municipal n'ont pas capacité pour participer aux délibérations des Conseils municipaux dont ils font partie. C'est, par exemple, lorsque leur intérêt personnel est en opposition avec l'intérêt communal.

Lors même qu'en pareille circonstance, la loi n'y mettrait point obstacle, les convenances seules ne leur permettraient point de ne pas s'abstenir. Mais la loi le défend et cette défense résulte implicitement de l'esprit de l'article 1596 du code Napoléon, qui dispose que les administrateurs ne peuvent se rendre adjudicataires des biens des communes ou des établissements publics confiés à leurs soins, sous peine de nullité, ni par eux-mêmes ni par personnes interposées.

Ce principe d'exclusion s'étend aux ventes ordinaires, aux échanges, aux donations; en effet, ce que la loi prohibe à l'égard des ventes aux enchères ne saurait être réputé permis pour des aliénations à l'amiable, pour des actes préparés dans le silence et consommés dans l'ombre, et contre lesquels les motifs de la défense s'élèvent avec plus de force et de raison que dans l'adjudication qu'elle réprouve (1).

Cependant il a été reconnu qu'un maire peut consentir une vente à la commune; ce qui s'applique également à l'adjoint ou à tout autre membre du Conseil municipal (2).

Mais il est clair que lors de la délibération sur les aliénations, les vendeurs, acquéreurs, donataires ou

---

(1) Avis du Comité de l'Intérieur, du 13 juin 18[illegible]1.—Commune de Juvisy (Seine et Oise). — Décision du ministre conforme à cet avis, du mois d'août, même année.—Autre avis du même Comité du 14 novembre 1836.

(2) Lettres du Ministre de l'Intérieur, des 7 janvier et 27 avril 1810.

concessionnaires, soit maire, soit adjoints, soit membres du Conseil municipal, ne doivent pas y prendre part (1).

Comment alors s'est-il fait qu'au mépris de la loi et des plus vulgaires bienséances, M. Pascal n'ait pas hésité à participer à une délibération à laquelle il était personnellement intéressé, où il a dû voter pour lui-même, où il a pu par sa présence influencer le vote de ses collègues et compléter le nombre de voix nécessaires, tant pour valider la délibération que pour conquérir la majorité à l'adoption d'une mesure proposée uniquement en sa faveur.

Comment s'est-il fait que les honorables conseillers présents à cette délibération aient toléré sous leurs propres yeux une aussi grave infraction à la loi?

Au sein de ce Conseil, une voix, au moins, s'est-elle élevée pour rappeler au respect des convenances et inviter M. Pascal à s'abstenir. On l'ignore; pareil fait n'a pas été consigné dans le procès-verbal de la séance. C'est même ici l'occasion de faire observer que la rédaction de ce procès-verbal, sous certains rapports, laisse beaucoup à désirer.

On serait, par exemple, en droit de lui reprocher de ne

---

(1) Avis du Comité de l'Intérieur, du 25 février 1824.

pas être assez explicite. C'est ainsi, qu'à cause de son laconisme, il serait très-difficile, pour ne pas dire impossible, à quiconque ne se trouverait pas sur les lieux et n'aurait pas été mis par d'autres voies au courant de cette affaire, de s'apercevoir, à la simple lecture de ce document, que la personne qui demande la concession et le conseiller qui porte le nom de Pascal ne désignent pas deux individus différents, parce que l'on a fait figurer dans la délibération le M. Pascal qui sollicite le privilège uniquement que comme propriétaire, et qu'on a pas pris la précaution d'indiquer en même temps que ce conseiller n'est autre que le propriétaire du même nom.

Par tous ces motifs, il est rationnel de conclure que la participation de M. Pascal au vote du 21 janvier est un acte injustifiable, et que, sous le coup d'une cause de nullité aussi irritante, la délibération attaquée doit nécessairement tomber.

L'irrégularité dont on vient de s'occuper en a fait naître une autre, à l'examen de laquelle sera consacrée la fin de ce paragraphe : c'est celle qui résulte de la violation de l'article 25 de la loi du 21 mars 1831.

D'après cet article, les Conseils municipaux ne peuvent délibérer que lorsque la majorité des membres en exercice assiste au Conseil.

Le 21 janvier, les membres du Conseil municipal en

exercice étaient au nombre de 23. Le nombre nécessaire pour former la majorité était donc de 12.

Douze membres ont bien pris part à la délibération du 21 janvier; mais, comme parmi ces douze Conseillers figurait M. Pascal qui n'avait pas capacité pour délibérer, le nombre des membres pouvant voter s'est forcément trouvé réduit à onze.

Partant, toute délibération devenait par le fait légalement impossible.

Il semble qu'on ne devrait rien avoir à répondre à un argument aussi péremptoire. Mais les huit ou dix adversaires des trois cents propriétaires réclamants ont réponse à tout.

Ils ne contestent pas, il est vrai, le principe posé par l'article 25 de la loi du 21 mars, mais ils n'accordent point que le nombre des conseillers en exercice le 21 janvier se soit trouvé de 23. A cette date, ils n'en portent le nombre qu'à 21, à cause des démissions de M. Chaix, ex-membre de la dernière Assemblée législative, et de M. Uhrich, ingénieur en chef des ponts et chaussées, qui n'habite plus le département des Hautes-Alpes depuis bientôt quatre ans, et, de là, ils concluent qu'en admettant l'exclusion du vote de M. Pascal comme légitime, le Conseil se trouvait encore en nombre pour délibérer, puisque dans ce cas il ne fallait plus qu'onze membres pour valider la délibération.

A cette objection, l'on répond :

1° Pour ce qui concerne M. Uhrich, que ce conseiller est réputé démissionnaire par suite de son absence du pays et parce qu'il a manqué à trois convocations successives sans motifs reconnus légitimes par le Conseil municipal, ou parce qu'il a donné volontairement sa démission.

Dans le premier cas, aux termes de l'article 26 de la loi du 21 mars 1831, le préfet a dû le déclarer démissionnaire sur la réclamation du maire, au vu de la délibération du Conseil municipal se refusant à reconnaître la légitimité des motifs allégués par M. Uhrich, pour justifier son absence.

Dans le second cas, la démission de M. Uhrich a dû être transmise à la préfecture par la mairie, pour que l'autorité préfectorale pût accepter ou refuser la démission.

Car il est admis, et ce point est essentiel à remarquer, qu'un conseiller qui s'est démis n'en est pas moins censé en exercice, tant que sa démission n'a pas été acceptée par l'autorité supérieure.

La raison qu'en donne M. Dalloz dans son répertoire de jurisprudence, c'est qu'une fois qu'un citoyen est investi d'une fonction de conseiller et installé comme tel, il doit la remplir tant qu'il n'a pas été délié par l'acceptation de l'autorité, c'est-à-dire, tant qu'il n'y a pas eu résolution du contrat qui a été formé entre lui, ses électeurs et l'autorité qui a reçu le serment (1).

2° En ce qui concerne M. Chaix, sa position étant la même que celle de M. Uhrich, si ce n'est qu'il est actuellement résidant à Gap. Le raisonnement à tenir à son égard est le même que celui que l'on vient de tenir à l'égard de son collègue.

Cela posé, nous disons que des renseignement pris dans les bureaux de la préfecture, le 1er juin 1852, il résulte qu'à cette date M. le Préfet des Hautes-Alpes n'avait déclaré démissionnaires ni M. Chaix, ni M. Uhrich, à raison de leur absence, et que cette absence n'avait donné lieu à aucune réclamation de la part de M. le Maire de Gap, ni de celle du Conseil municipal.

3° Qu'enfin, à cette époque, aucune démission émanant soit de M. Chaix soit de M. Uhrich n'avait été transmise par la mairie, ni acceptée par l'administration supérieure. Ces deux conseillers étaient donc en exercice le 1er juin, et s'ils l'étaient à cette dernière date, comment ne l'auraient-ils pas été le 21 du mois de janvier précédent.

L'objection des adversaires des riverains de La Bonne n'a donc pas de portée et l'argumentation tirée de la violation de l'article 25 de la loi de 1831 conserve toute sa force.

(1) Dalloz, *Répert.*, tome 9, numéro 203.

En conséquence, c'est bien une nullité de plus qui vient infirmer la délibération du 21 janvier et lui porter le dernier coup.

Cette délibération, à cause de toutes ces nullités réunies, est donc un acte mort-né, auquel il n'est pas administrativement possible de communiquer la vie. En prendre la défense, et vouloir qu'en l'état elle produise des effets utiles, ce serait, aux yeux de tout lecteur impartial et éclairé, jeter un défi à la légalité, se poser en ennemi du sens commun et se consumer en vains efforts à la poursuite d'un but qu'il ne sera pas donné d'atteindre tant que les lois seront respectées et conserveront quelque autorité parmi nous.

§ 3.

Irrégularités de l'approbation préfectorale.

C'est pour l'autorité préfectorale une obligation de ne jamais résoudre les affaires qui lui sont dévolues sans l'accomplissement des formalités prescrites par les règlements généraux. Ainsi s'exprime M. le Ministre de l'Intérieur dans la circulaire qu'il a adressée à MM. les Préfets, le 11 avril 1852, à l'occasion du décret du 25 mars sur la décentralisation.

Chargée d'assurer le maintien et de veiller à l'exécution des lois sur l'étendue du territoire dont l'administration lui est départie, cette autorité doit considérer comme un devoir dont elle ne peut jamais s'écarter, de toujours procéder dans l'ordre et les limites des pouvoirs qui lui ont été confiés.

M. le Préfet des Hautes-Alpes a-t-il agi d'après ces règles, quand il a approuvé la délibération du 21 janvier. Telle est la nouvelle et délicate question qu'il s'agit d'examiner. (1)

Bien que, par l'article 46 de la loi du 18 juillet 1837, le législateur se soit proposé d'imprimer une marche plus rapide à l'expédition des affaires, son intention, cependant, n'a jamais été de supprimer les formalités préalables exigées par les lois et les règlements antérieurs.

Ainsi, en matière d'aliénation de biens immobiliers, on a toujours continué à exiger : 1° la demande par écrit du pétitionnaire, avec le détail des conditions auxquelles il se soumet ; 2° le plan figuré des lieux ; 3° l'estimation préalable des biens à aliéner ; 4° une enquête ; 5° la délibération en bonne forme du conseil municipal intéressé ; 6° enfin, l'approbation donnée ou par le Préfet, en conseil de préfecture, ou par le chef de l'État. (2)

L'estimation préalable est regardée comme indispensable ; car d'ordinaire elle sert à déterminer la compétence du Préfet. Aussi, M. Dalloz enseigne-t-il que

---

(1) M. Rablers du Villard était préfet à l'époque du 25 février, c'est à lui que la délibération a été transmise ; c'est ce magistrat qui a, dit-on, donné les ordres pour qu'elle fut revêtue de la formule ordinaire d'approbation ; c'est lui encore qui a persisté à la maintenir, malgré les réclamations des parties intéressées ; c'est donc sur lui, ce semble, que devrait retomber la responsabilité de l'acte critiqué.

(2) *Rép.*, tome 10, nos 2306 et 2425.

l'administration centrale est dans l'usage de considérer comme une cause de nullité l'omission de cette formalité (1).

Quant à l'enquête, pour ne point revenir sur ce qui a été dit précédemment à ce sujet, l'on se borne à faire observer que ce n'est point au maire de la commune, qui veut aliéner un immeuble, qu'a été confié le soin d'y faire procéder; c'est à l'administration préfectorale qu'incombe cette obligation. Par la raison, lit-on dans une lettre ministérielle du 12 août 1839, que les habitants n'auraient point en présence du maire toute la liberté nécessaire pour exprimer leur avis, et le maire lui-même, souvent l'auteur du projet d'aliénation, se trouverait peu convenablement chargé d'un pareil mandat (2).

Lors de l'enquête, s'il s'agit d'une servitude que des tiers aient intérêt à ne pas laisser concéder ou si les contestations portent sur toute autre question de propriété, ces tiers doivent adresser leur opposition motivée à l'autorité appelée à donner son approbation (3), et cette autorité est, dans tous les cas, obligée de surseoir jusqu'à ce que la question ait été vidée devant les tribunaux.

C'est d'après ces principes qu'il a été décidé par un

---

(1) Dalloz, *Répert.*, n° 2437.

(2) *Bulletin des circulaires du ministre de l'Intérieur* du 20 Janvier 1840.

(3) Dufour, t. 1er., n° 701. — V. encore un arrêt du conseil d'Etat du 18 janvier 1826, inséré dans le *Traité des Cours d'Eau* de M. Daviel, tome 2, pag. 145.

décret de l'Empereur, rendu en conseil d'Etat le 21 mars 1809, que, bien qu'une commune ait été autorisée à aliéner un terrain, il suffit qu'un tiers en réclame la propriété pour que l'aliénation en doive être suspendue jusqu'à la solution de cette réclamation par la voie de la justice ordinaire.

« Les parties, porte l'article 2 de ce décret, se « pourvoieront devant les tribunaux pour faire juger « la question de propriété et, jusqu'à ce qu'il y ait été « statué, il sera sursis à toute vente ou aliénation des « objets en litige. » (1)

La question a été décidée dans le même sens par une ordonnance royale du 5 août 1829, également rendue en conseil d'Etat, dans la cause entre le Sr Mignot et la ville d'Annonay, sur les conclusions conformes de M. Jauffret, rapporteur. Cette ordonnance statue que l'autorisation donnée à une commune d'aliéner, vendre, acquérir, donner, échanger, ne fait pas obstacle à ce que les tiers intéressés fassent juger par les tribunaux, préalablement à la vente ou à l'entrée en jouissance, une question de servitude (2).

Enfin, M. le Préfet des Hautes-Alpes, lui-même, a fait l'application de ces principes à l'occasion d'un litige sur lequel le tribunal de Gap a été appelé à statuer le 8 juin 1852. Voici dans quelle espèce :

---

(1) Dalloz; *Répert.*, tome 10, n° 2438.
(2) Dalloz, *idem*, pag. 307, note n° 3.

Un sieur Rostain, maire de la commune de la Roche, est propriétaire d'un moulin à blé, établi depuis un temps immémorial sur un canal qui traverse le territoire de ce village.

Un cousin germain du sieur Rostain possède aussi sur le même cours d'eau un pressoir à huile qui a été construit en 1796. — Celui-ci ayant pris la détermination de changer la nature de l'exploitation de son usine et de la remplacer par un moulin à blé, adressa sa demande à la préfecture dans les formes accoutumées. Cette demande fut publiée, une enquête ordonnée, et de cette enquête sortit une opposition de la part du sieur Rostain maire, fondée sur ce que son cousin avait sur ce cours d'eau un droit de servitude, non pour faire mouvoir un moulin, mais seulement pour faire marcher un pressoir ; au vu de l'enquête et de l'opposition, M. le Préfet ordonna qu'il fut sursis à l'autorisation, jusqu'à ce que le tribunal de Gap eût statué sur la difficulté, bien que l'opposition ne fût basée sur aucun titre, et qu'il ne fût question dans l'espèce que de l'intérêt d'un seul particulier.

Enfin, le règlement déjà cité du département de Saône-et-Loire, sur la voirie vicinale, porte, art. 105 : « que les arrêtés rendus pour permettre, même à titre « provisoire et précaire, *le passage des eaux d'un côté « à l'autre d'un chemin de petite ou grande commu- « nication, le seront toujours sans préjudice du droit*

« *des tiers sur les eaux;* » en d'autres termes, ce règlement veut qu'il soit procédé à une enquête et, s'il y a opposition, qu'il ne soit pas passé outre à l'exécution des travaux.

Or, la délibération du 21 janvier a été approuvée sans qu'aucune des formalités dont l'on vient de donner l'énumération ait été observée :

1° Il n'y a pas eu de demande par écrit de la part de M. Pascal. Ce fait est prouvé par le texte de la délibération;

2° On n'est point entré dans le détail des conditions auxquelles la concession a été accordée;

3° Aucun plan des lieux n'a été produit à l'appui de la demande;

4° Il n'y a pas eu estimation préalable du droit concédé;

5° On n'a pas ordonné une enquête;

6° La délibération du 21 janvier a été approuvée, malgré les nullités qui la viciaient radicalement;

7° En dernier lieu, puisque l'autorité préfectorale s'était reconnue compétente, elle ne pouvait statuer, dans tous les cas, sans le concours du conseil de préfecture, par application des articles 20 et 46 de la loi du 18 juillet 1837; et, cependant, c'est ce qui n'a pas eu lieu.

Mais dans l'espèce, le Préfet lui-même, en conseil de préfecture, était incompétent.

En effet, l'on a vu à la page 35 du présent mémoire que la concession faite à M. Pascal est une aliénation à titre gratuit.

Or, M. Troley (tome 4, n° 1815) enseigne que toutes les aliénations à titre gratuit doivent être autorisées par le chef du pouvoir exécutif.

M. Dalloz professe également que, pour qu'une commune puisse aliéner à ce titre un immeuble, il faut un décret du Président de la République, rendu en Conseil d'Etat, puisqu'il s'agit d'un changement de jouissance d'un bien communal ou d'une aliénation d'immeuble appartenant à la commune, et que la valeur de l'objet à aliéner est indéterminée (1)

Telles sont, au surplus, les prescriptions de l'article 48 de la loi de 1837 et d'une circulaire du ministre de l'intérieur du 31 juillet 1839.

Faisant application de ces principes, nous disons donc que l'autorité préfectorale, en s'attribuant le droit d'approuver une donation, a évidemment outrepassé ses pouvoirs.

Le décret sur la décentralisation ayant été rendu

(1) Dalloz, *Répertoire de droit, etc.*, tome 10, n° 2461.

postérieurement au 25 février 1852, M. le Préfet, alors en fonctions, s'est placé en dehors du cercle de ses attributions, quand il a sanctionné la concession faite à M. Pascal par le Conseil municipal de la ville de Gap.

A ce point de vue, cette approbation étant viciée d'incompétence, est entachée de nullité.

Elle est, en outre, nulle, à cause de l'omission des nombreuses formalités qui ont été tout-à-l'heure indiquées et que l'on a mises de côté, contrairement à une pratique locale constante et uniforme; contrairement au texte et à l'esprit des circulaires, décisions ministérielles, avis et arrêts du Conseil d'Etat précités; contrairement enfin aux dispositions formelles de lois, ordonnances et décrets qui n'ont jamais cessé d'être en vigueur.

Aussi bien, pourquoi ne pas le dire avec une entière franchise: outre l'inconséquence de ces omissions qui ne peuvent être justifiées ni par une exacte appréciation du fonds des choses, ni par des motifs de légalité puisés dans une saine doctrine, la manière dont a procédé l'autorité supérieure d'alors, dans cette affaire, a été on ne peut plus préjudiciable aux intérêts de toutes les parties en cause.

Car, enfin, si une enquête eût été ordonnée, de nombreuses oppositions n'auraient pas manqué de surgir de tous les côtés.

A la vue des réclamations unanimes formées par des

avocats, des conseillers de cour d'appel, des membres du conseil général et du conseil municipal, des prêtres, des officiers en activité de service et en retraite, des supérieurs d'établissements ecclésiastiques, des artisans, des laboureurs, des négociants, des employés, par des gens, enfin, de tous les rangs et de toutes les professions, lesquels se sont toujours montrés amis de l'ordre et de la paix publique, et qui n'auraient pas demandé mieux que M. Pascal et ses quelques adhérents les eussent laissés tranquilles, l'autorité préfectorale, guidée par une inspiration judicieuse, y eût, sans doute, regardé à deux fois, avant que de trancher prématurément une difficulté aussi épineuse, par un simple trait de plume.

Elle eût pris une connaissance plus approfondie de l'affaire ; elle eût vu que la question des eaux du Peyssier, que des gens prévenus cherchent à rapetisser dans un intérêt individuel, est d'une importance bien grande pour la généralité des habitants de Gap. Sa religion n'aurait pas été surprise, et, inévitablement, elle se serait arrêtée à l'un de ces deux partis : ou elle aurait refusé son approbation à cette malencontreuse délibération, ou, pour la donner, elle eût attendu jusqu'à la solution de la question de propriété par les tribunaux civils. Dans l'un et l'autre cas, les choses se seraient passées d'une manière légale, si non au gré de tout le monde. Elles n'auraient pu prêter le flanc à la moindre critique fondée. M. Pascal n'eût pas fait de grandes dépenses en pure perte. Ses travaux d'envahissement n'auraient pas occasioné un mécontentement général ni excité au sein d'une partie de la population Gapençaise ces vives alarmes que l'on ne saurait trop tôt calmer et que l'on apaisera qu'en se hâtant de faire droit aux justes réclamations des intéressés.

Enfin, si l'autorité préfectorale eut décliné sa compétence et eût renvoyé cette affaire à l'administration centrale, c'en était fait à toujours du détournement des eaux du Peyssier. Le prince Président, très-certainement, aurait refusé de sanctionner la délibération du 21 janvier, parce que les concessions de l'espèce ne sont jamais approuvées, par la raison bien simple que le Gouvernement considère qu'une commune n'a jamais intérêt à se dépouiller par voie de donation, d'après la vieille maxime: *donare est perdere*, à moins qu'une cession gratuite ne lui procurât une utilité réelle, comme si, par exemple, elle cédait à l'Etat un terrain pour un établissement public qui lui serait avantageux.

M. Foucart fait très-bien remarquer qu'en ce cas, un décret du chef du pouvoir exécutif suffirait pour autoriser un pareil acte (1).

Mais ce que dit M. Foucart ne peut s'appliquer à

---

(1) Foucart, *Traité du droit administratif*, n° 1599.—Dalloz, *Répertoire*, tom. 10, n° 2419.

la donation approuvée le 25 février, parceque cette donation n'a pas été faite en faveur de l'Etat, mais bien en faveur d'un simple particulier, par la raison encore que l'utilité n'en a pas été constatée d'une manière légale, qu'elle n'est rien moins que prouvée, et qu'à tout prendre, l'aliénation attaquée, si elle était maintenue, loin de tendre à l'intérêt général, ne serait autre chose qu'une cause de ruine pour la contrée.

C'est donc un fait constant qu'il est résulté pour les propriétaires des bords de La Bonne un préjudice notable de ce que M. le Préfet des Hautes-Alpes a reconnu sa compétence et n'a pas fait procéder à une enquête dans l'affaire des eaux du Peyssier; que l'existence du préjudice causé est d'autant moins contestable qu'il est de notoriété publique qu'une partie de ces mêmes eaux ont continuellement coulé dans certaines rues de la ville, la cour des casernes et celle de la maison du concessionnaire, située rue du Palais, depuis le jour où M. le général de Castellane est passé à Gap.

L'enchaînement de la discussion nous amène à traiter ici une question subsidiaire, mais qui n'est pas sans importance : celle de savoir si les co-riverains seront obligés d'attendre jusqu'au prononcé de l'annullation de l'approbation préfectorale pour voir cesser le préjudice dont ils se plaignent.

En principe, une approbation de l'espèce de celle

dont il est question dans ces débats, ne peut être accordée qu'à la condition exprimée ou sous-entendue qu'il n'en résultera aucun dommage pour autrui.

Quand l'autorité a de justes raisons de croire un droit légitimement acquis à quelqu'un, elle ne peut pas permettre qu'il lui soit enlevé, parce qu'elle agirait contre la loi de sa propre nature, si instituée comme protectrice des droits de tous, elle souffrait qu'on dépouillât les uns pour enrichir les autres (1).

D'autre part, la matière sur laquelle agissent les Préfets est, d'ordinaire, si variable et si mobile de sa nature, que leurs actes ne peuvent avoir l'irrévocabilité des décisions judiciaires. En conséquence, il n'y a aucun inconvénient à ce qu'ils soient rapportés par leurs propres auteurs ou par les ministres, soit d'office, soit sur les représentations des parties intéressées (2).

Du moment donc que l'administration départementale savait, au moyen de la réclamation écrite qui lui avait été adressée courant avril 1852, que de nombreux intérêts individuels étaient froissés, compromis par la mise à exécution des travaux de M. Pascal, c'était pour elle un droit non moins qu'un devoir de revenir sur sa décision, d'en suspendre les effets, et de mettre les parties collitigantes dans la position où elles se trouveraient

(1) Proudhon, *Traité du domaine public*, tome 5, page 78.

(2) Cormenin, question, V°, Préfet, § 1, n° 1

s'il y avait eu enquête, et, à la suite de l'enquête, opposition. D'après ces principes dont l'équité est évidente, l'on se fait difficilement à l'idée que cette approbation n'ait pas encore été retirée, au moins provisoirement, si non à titre définitif.

En vain, pour la maintenir, argumenterait-on des termes de la clause qui se trouve insérée dans le procès-verbal de la séance du 21 janvier et qui porte que le passage des eaux du Peyssier n'a été concédé que sous la réserve des droits de tiers; cette clause utile avant l'approbation, en ce sens qu'elle avait pour but d'éveiller l'attention de l'administration, sur la nécessité d'une enquête, est devenue, depuis, d'une complète insignifiance, en ce qui concerne les co-riverains. La raison en est simple : c'est que ces propriétaires ne tiennent pas l'inviolable et imprescriptible droit de défendre leurs intérêts d'une permission générale ou particulière, ils ne le tiennent et n'entendent le tenir que de nos lois et de nos institutions.

Cela est si vrai que, si l'on fait disparaître la clause mentionnée de l'acte du 21 janvier, ce droit n'en subsistera pas moins dans toute sa plénitude, absolu, indépendant, dégagé de toute subordination, de toute corrélation, de tous liens quelconques avec la réserve prétendue tutélaire qu'on y a stipulée. N'est-ce pas la preuve évidente que cette réserve ne saurait en rien innover sur ce droit; qu'elle est impuissante à le protéger et que c'est bien à tort qu'on essaie de s'en servir comme d'un bouclier, pour se mettre à l'abri du reproche de n'avoir pas rempli une formalité reconnue par la loi comme étant d'une indispensable nécessité.

Pour, résumer en quelques mots la discussion, l'approbation préfectorale est nulle; l'annulation en sera prononcée, il n'est plus permis d'en douter.

Mais cette approbation a déjà porté préjudice aux industriels et aux agriculteurs qui possèdent des propriétés dans la partie nord du bassin de Gap. Il leur importe que ce préjudice ne se prolonge pas jusqu'à l'époque plus ou moins éloignée où ce litige recevra une solution définitive. Comme ce préjudice provient du fait de l'autorité préfectorale, c'est elle qui est tenue de le faire cesser. Ainsi le veut la plus impérieuse des lois, la loi de l'équité. Prenant ces motifs en sérieuse considération, l'administration supérieure actuelle, dans sa justice et son impartialité, aura, sans nul doute, à cœur de réparer la regrettable erreur de sa devancière: c'est un but qu'elle atteindra en partie, et une mesure dont lui sauront bon gré les intéressés si, sans plus tarder, elle se décide à suspendre provisoirement, et jusqu'à nouvel ordre, les effets de l'approbation du 25 février.

§ 4.

La concession octroyée à M. Pascal est contraire à l'ordre public et compromet les intérêts financiers de la ville de Gap.

Les lois romaines définissaient la servitude personnelle : celle où un fonds est assujeti à une personne : *quandò prædium personæ servit.*

Cependant, contrairement à la division établie par Marcien, par la loi première, au Digeste, *de servitutibus*, la plupart des anciens jurisconsultes français ont appelé les servitudes personnelles, servitudes mixtes, parceque la servitude d'un héritage envers une personne tient le milieu entre les servitudes purement personnelles qui ont lieu de personne à personne, et les servitudes purement réelles qui ont lieu de domaine à domaine.

Sous l'empire de la législation antérieure à notre

première révolution, les droits féodaux étaient considérés comme de véritables servitudes personnelles et réciproquement (1).

Mais toutes ces servitudes ont été abolies par les lois du 11 août 1789, 15-30 mars 1790, 15-19 juin 1791 et 7 décembre 1792.

Des servitudes mixtes, l'Empereur n'a conservé dans son Code que les droits d'usufruit, d'usage et d'habitation, qu'il a soumis à des règles spéciales et que, pour cette raison, l'on a cessé de considérer, depuis lors, comme des servitudes proprement dites.

Toutes les autres espèces ont été supprimées sans aucune exception.

Le héros législateur n'a pas voulu que les services fonciers retombassent sous le joug des asservissements féodaux, ni qu'ils redevinsent une occasion de ressusciter des idées et des systèmes à jamais proscrits; c'est pourquoi il a disposé par les articles 681 et 686, de la manière la plus formelle, que les servitudes n'établissent aucune prééminence d'un héritage sur un autre, et que, dans aucun cas, on ne peut les imposer à la personne, ni en faveur de la personne.

Des actes en opposition avec ces principes seraient nuls par application de l'article 6 du Code précité; cet

(1) Discussion sur le livre 2, titre 4 du Code Napoléon.—Gillet, orateur du Gouvernement, séance du 10 pluviose, an 12.

article défendant de déroger par des conventions particulières aux lois qui intéressent l'ordre public.

Actuellement, la difficulté consiste donc à savoir si la concession du 21 janvier est ou n'est pas une servitude personnelle.

On résout cette question d'une manière sûre en faisant application des règles suivantes qu'ont indiquées tous les auteurs qui ont écrit sur la matière.

Quand un droit accordé sur un fonds a pour objet de rendre plus précieux et plus utile ce même fonds, la servitude est réelle ; peu importe qu'elle ait été déclarée concédée en faveur de la personne ou en faveur du fonds (1).

Mais, lorsque le résultat du droit aliéné est tel, qu'il procure une plus grande utilité aux besoins journaliers de la famille, aux jouissances et à l'industrie du propriétaire, que ne sont grands les avantages qu'en retire le fonds considéré en lui-même, et abstraction faite du propriétaire ou du possesseur, alors la servitude n'est pas réelle, elle est personnelle ou mixte (2).

La servitude serait encore personnelle, si la concession avait pour but principal d'accorder une jouissance, un profit individuel à celui en faveur de qui elle aurait

(1) Pardessus, *Traité des servitudes*, tome 1, § 3, n° 10, page 25.

(2) Idem, § 3, n° 10, page 28.

été stipulée, encore bien que le concessionnaire ne possédât alors un fonds et qu'il n'eût occasion de jouir de la concession qu'en possédant ce fonds (1).

A l'aide de ces notions, il est aisé de prouver que la servitude de passage consentie en faveur de M. Pascal est une servitude mixte ou personnelle.

Pour s'en convaincre, il n'y a qu'à bien se pénétrer du sens et de la portée de cette clause: *Nous accordons à M. Pascal le droit du passage de ses eaux sur les chemins vicinaux et les terrains communaux de la ville de Gap*.

Que signifie l'ensemble de ces expressions, si non que le patrimoine communal sera assujetti, non pas à tel fonds désigné appartenant à M. Pascal, mais à la personne du concessionnaire lui-même.

Y a-t-il dans cette clause un mot d'où l'on puise induire que les donateurs, lorsqu'ils ont fait la concession, aient eu l'intention de stipuler en faveur de l'exploitation, de la culture, de l'amélioration du domaine de Charance ou de toute autre propriété du donataire? L'on met au défi qu'on en cite un seul. Le lecteur n'a pas, au surplus, oublié que c'est un point acquis à la discussion que le Conseil municipal, en concédant, sur la proposition de la commission instituée à cet effet,

(1) Cæpalla, tit. 1, cap. 4, nos 2, 3, 4, 5, 6, 8.—*Voet., ad pand., lib.* 8, tit. 2, no 1.

le droit de passage sollicité par M. Pascal, a eu évidemment l'intention de favoriser l'industrie de ce dernier et spécialement de lui donner les moyens de faire réussir une spéculation entreprise dans le but licite et très louable d'ailleurs, de placer les soldats de la garnison dans de meilleures conditions hygiéniques. Il ne s'est pas enquis ni mis le moins du monde en peine des avantages qu'en pourraient retirer les fonds possédés par le concessionnaire. Ces fonds n'ont, pour ainsi dire, aucun rapport direct, nécessaire, immédiat, avec la concession dont toute l'utilité vient, en premier lieu, se concentrer dans la personne de l'impétrant; il n'est pas possible, dès-lors, de ne pas la considérer comme une servitude mixte ou personnelle.

Mais cette servitude doit-elle être rangée parmi les servitudes mixtes qui ont été conservées par le Code Napoléon? En d'autres termes, est-elle un droit d'usufruit, d'usage ou d'habitation?

Nous répondrons d'abord que ce n'est pas un droit d'habitation. Cette proposition est évidente par elle-même.

Non plus un droit d'usage, car le droit d'usage est incessible (art. 631): dans l'espèce, celui dont il s'agit est, au contraire, cessible, puisqu'il est facultatif aux tiers, en s'entendant avec le concessionnaire, de participer à sa jouissance, et qu'en réalité, ce droit a déjà été l'objet de divers actes de cession.

Enfin, ce n'est pas mieux un droit d'usufruit, parce-que l'usufruit prend fin ou à l'expiration du temps pour lequel il a été créé, ou au décès de l'usufruitier (art. 580 et 617 C. C.), et qu'il a déjà été démontré que la servitude dont est grevé le patrimoine communal au profit de M. Pascal est perpétuelle quant à la durée de ses effets. (1).

Cette servitude n'est donc ni un droit d'usufruit, ni un droit d'usage, ni un droit d'habitation.

Les droits de cette dernière espèce étant les seules servitudes mixtes qui aient été conservées par le Code Napoléon, et parmi ces servitudes la concession litigieuse ne pouvant pas être comprise pour les motifs que l'on vient de faire connaître, il s'en suit qu'elle rentre dans la catégorie de celles qui ont été définitivement supprimées, et qu'on ne peut faire revivre parce qu'elles sont contraires aux principes qui servent de base à notre nouvel ordre public.

Avant de clôre la discussion sur ce premier point, il convient d'aller au devant d'une objection qui ne manque pas de gravité, qu'on a déjà faite et qui sera bien certainement répétée par les adversaires des co-riverains.

Dans le premier paragraphe de ce mémoire, nous

---

(1) Voir la page 20, nos 3 et 4 du présent mémoire.

dira-t-on, vous avez appelé réelle la servitude d'aquéduc établie en faveur de M. Pascal, tandis que, dans le quatrième, vous la qualifiez de personnelle.

Or, ces deux qualifications sont contradictoires : ou la servitude dont il est question est réelle, et alors le raisonnement que vous tenez dans le présent paragraphe et qui part du principe que la servitude est personnelle, croûle de lui-même avec toutes les conséquences qui en ont été déduites ; ou elle est personnelle, dans ce cas, c'est l'argumentation du premier, deuxième et troisième paragraphes qui se trouve réduite à néant, puisqu'elle repose sur cet autre principe contraire que la concession est une servitude réelle.

D'où il résulte que, de quelque manière que la question soit envisagée, vos arguments se détruisent les uns par les autres, et que les moyens de défense, produits à l'appui des prétentions des propriétaires réclamants, sont sans valeur aucune.

Voilà l'objection dans toute sa force.

Avec un peu de réflexion, l'on va voir que l'on a raison facilement de tout ce que, de prime abord, elle présente de spécieux.

A cette fin, il y a lieu de faire observer que deux éléments constituent la concession du 21 janvier, savoir : le droit et l'usage qui en a été fait ; que ces éléments ont entr'eux les mêmes rapports que ceux que l'on remarque entre une cause et ses effets; que chacun d'eux a une existence propre, individuelle, distincte, de telle sorte, que s'ils viennent à exister simultanément, c'est, cependant, sans se confondre, sans s'absorber l'un et l'autre et sans s'identifier.

Ces prémisses accordées, ce que l'on doit tenir pour servitude personnelle, ce n'est pas l'établissement de l'aquéduc, c'est le droit; ce n'est pas l'aquéduc lui-même, c'est la faculté de l'établir.

Pour mieux mettre notre pensée en relief, qu'il nous soit permis d'admettre, à l'aide d'une supposition qui n'a, certes, rien d'illogique, que le concessionnaire n'ait pas encore fait usage de son droit, ni qu'aucun aquéduc n'ait encore été construit sur les chemins vicinaux ou autres terrains communaux de la ville de Gap. Dans cette hypothèse, le droit concédé n'en subsistera pas moins intégralement; c'est ce droit qui asservit d'une manière générale les immeubles patrimoniaux de la commune à la personne d'un simple particulier, que nous considérons comme une servitude personnelle; c'est ce droit que nous avons en vue au commencement de ce paragraphe, c'est ce même droit, enfin, que les propriétaires de La Bonne prétendent abusif et dont ils demandent le retrait, par le motif entr'autres qu'à leurs yeux, il est marqué aux stygmates de la féodalité.

En second lieu, si, tout-à l'heure, il n'a pas été irrationnel de considérer le droit, abstraction faite de l'usage auquel il a été appliqué, par identité de raison, rien ne s'oppose maintenant à ce que l'on envisage le fait matériel de la construction des aquéducs, indépendamment du droit en vertu duquel on les a établis.

Dans cette seconde hypothèse, que rencontre-t-on? des aquéducs amenant des eaux d'un domaine situé à Charance, les uns dans une maison sise rue du Palais, les autres dans la cour des casernes. Par suite de l'établissement de ces aquéducs, des chemins et des rues appartenant à la ville de Gap sont assujettis à des charges au profit de deux ou trois héritages déterminés; ces charges se trouvent réunir toutes les conditions voulues par la loi, pour constituer des servitudes réelles; quelle contradiction y a-t-il, alors, à les avoir ainsi qualifiées dès le début de la discussion?

On est donc forcé d'en convenir, autre chose est le droit qui est appelé servitude personnelle, autre chose est le fait qui a été considéré comme constituant, dans l'espèce, une servitude réelle.

Loin d'avoir rien qui se contrarie, ces deux servitudes se prêtent, au contraire, un mutuel appui, s'expliquent et se justifient l'une par l'autre.

Notre argumentation première restant intacte, le droit concédé à M. Pascal, nous le répétons, est bien une servitude personnelle; comme telle, elle est contraire à l'ordre public; c'est dire qu'elle doit être anéantie.

Mais, comme en toutes choses, la cause cessant, l'effet doit cesser aussi, si l'on veut être conséquent, l'on est obligé d'admettre que la servitude réelle d'aquéduc n'aura plus de raison d'être, du moment que la servitude personnelle d'où elle procède aura elle-même cessé d'exister. C'est une raison de plus pour que cette dernière servitude doive aussi, à son tour, forcément disparaître.

Un autre motif bien puissant à faire valoir pour obtenir que M. Pascal ne soit pas maintenu dans la possession du droit qui lui a été concédé, c'est que ce droit se trouve encore incompatible avec l'ordre public, à un point de vue tout autre que celui sous lequel la question vient d'être examinée.

On va démontrer la vérité de cette proposition :

D'après l'article 1128 du Code Napoléon, il n'y a que les choses qui sont dans le commerce qui puissent être l'objet des conventions.

D'après l'article 1131, l'obligation pour une cause illicite ne peut avoir aucun effet.

Une cause est illicite, porte l'article 1133, quand elle est prohibée par la loi ou contraire à l'ordre public.

D'autre part, les rues et les places établies dans les villes appartiennent au domaine public municipal, et ce domaine est soumis aux mêmes règles d'imprescriptibilité que le domaine public national (1).

De son côté, l'article 10 de la loi du 21 mai 1836 déclare imprescriptibles les chemins vicinaux maintenus ou reconnus comme tels; et, en droit, c'est une vérité passée à l'état d'axiome, que tout ce qui est imprescriptible est hors du commerce, et que tout ce qui est hors du commerce est frappé d'une inaliénabilité absolue (2).

Voilà les principes: il s'agit, maintenant, d'en faire l'application.

Il a été établi au premier paragraphe du présent mémoire (3) que les aquéducs construits par M. Pascal constituent une servitude réelle, laquelle a emporté, à son profit, l'aliénation de la partie du patrimoine communal dans laquelle ces aquéducs se trouvent incorporés.

Cette partie est précisément comprise dans le domaine public municipal, déclaré par la loi inaliénable et imprescriptible.

---

(1) Dunod, *Traité des prescriptions*, partie 1re, ch. 12, pages 79 et 80, cass., 1er décembre 1823. — Dalloz, 24, 1, 231. — Proudhon, *Traité du domaine public*, tome 2, page 20, n° 346.

(2) Zaccharlæ, ouvrage déja cité, tome 1, page 353.

(3) Page 31.

Partant, l'aliénation qui en a été consentie est illicite, contraire à l'ordre public, nulle et de nul effet.

La cour suprême l'a ainsi jugé dans une espèce analogue, par l'arrêt de rejet dont il a été fait mention à la page 31.

Voici le texte de cet arrêt avec l'exposé sommaire des faits, tels qu'ils se trouvent rapportés par M. Daviel, dans son *Traité sur les cours d'eau* (1).

« Il existait dans la ville de Strasbourg, un fossé dit *des Orphelins*, qui, après avoir fait partie des fortifications, se trouvait dans l'intérieur de la ville, par suite des agrandissements qu'elle avait éprouvés. Il paraît que ce fossé recevait dans son cours les eaux ménagères et pluviales de plusieurs maisons qui le bordaient. Les époux Hect avaient fait construire des aquéducs, pour conduire dans cet égoût les eaux d'une manufacture qu'ils exploitaient.

« En 1824, ce fossé répandant des exhalaisons méphitiques et insalubres, un arrêté du conseil municipal en ordonna le comblement. Le sieur Hect, privé par cette mesure de la faculté de donner aux eaux de son usine l'écoulement qu'elles avaient auparavant, demanda le rétablissement des lieux dans leur premier état ou une

(1) Tome 2 page 476.

indemnité pour le tort que ce comblement causait à sa propriété. Le 17 février 1824, jugement du tribunal civil de Strasbourg qui rejeta la demande du sieur Heet; appel par celui-ci; le 28 mars 1826, arrêt confirmatif de la cour de Colmar; pourvoi des époux Heet pour violation des articles 639 et 681 du code civil et fausse application de l'article 2226 du même code.

Le 13 février 1828, arrêt de rejet ainsi motivé : « La « cour, sur les conclusions conformes de M. Lebeau, avo- « cat général; attendu qu'il est constaté en fait, 1° que « des manufactures du demandeur découlent des eaux « malsaines et qui incommodent le voisinage; 2° que « ces eaux, avant d'arriver au fossé dit *des Orphelins*, « traversent, au moyen d'un aquéduc souterrain, l'une « des rues de la ville; attendu que, si on peut dire « que le fossé appartenant à la ville peut, comme toutes « les propriétés communales, être grevé de servitude, « il n'en est pas de même de la rue traversée par les « eaux du demandeur; qu'une rue est une propriété « publique, hors du commerce, qui n'appartient à « personne, sur laquelle, par conséquent, personne « ne peut acquérir aucun droit de propriété, ... « attendu qu'en supprimant, comme l'a fait la municipa- « lité de Strasbourg, un égoût qui répandait des exha- « laisons mal saines, elle n'a pas privé le demandeur d'un « droit de servitude, *puisque personne n'a le droit d'en*

« *acquérir sur les rues ou les places publiques;* par « ces motifs, rejette. »

Aux yeux de M. Daviel, cette considération que la rue que traversait l'aquéduc pour arriver à l'égoût était imprescriptible, est un argument qui lui paraît sans réplique. M. Pardessus, sans se dissimuler la gravité de ces motifs et se fondant sur l'autorité d'un arrêt rendu postérieurement par la même cour (1), professe, cependant, qu'il n'est pas contre la nature des choses que le gouvernement ou l'autorité municipale, dûment autorisée, concèdent sur des immeubles, même consacrés à un service public, certains usages privés qui n'empêchent pas toujours qu'ils ne continuent de remplir leur destination. Mais, dans ce cas, il admet le droit des tiers de s'y opposer; il reconnait la nécessité de l'enquête et l'obligation qui incombe à l'administration supérieure de décider du mérite des oppositions, préalablement à toute autorisation (2).

C'est, au surplus, ce que l'article 43 du titre 27 de l'ordonnance de 1669 avait déclaré au sujet des moulins ou autres ouvrages faits dans les fleuves, et ce qu'a reconnu l'article 5 de l'arrêté du Directoire du 19 ventose, an VI.

---

(1) Arrêt du 16 juin 1835. — Dalloz, *Répertoire*, 35, 1, 305.

(2) Pardessus, *Traité des servitudes*, tome 1er, page 99

Mais, au fond, il est assez indifférent aux co-intéressés de La Bonne que l'on se décide pour l'une ou pour l'autre de ces deux opinions; car, si c'est du parti de MM. Daviel et Zachariæ que l'on se range et que l'on adopte les motifs de l'arrêt du 13 février 1828, alors l'on admet que les chemins, rues et places publiques de la ville de Gap sont inaliénables d'une manière absolue; dans ce cas, le succès de notre cause est assuré; si, au contraire, c'est l'opinion si faiblement défendue par M. Pardessus que l'on partage, l'on reconnaît, par cela même, la nécessité de l'enquête et l'obligation de ne pas préjudicier aux droits des tiers en asservissant le domaine public communal à des usages particuliers: dans ce dernier cas, il y a eu également violation de toutes les règles suivies, et bon gré mal gré, l'on arrive toujours à cette conclusion que les aquéducs constituent un fait anormal dont l'existence ne saurait être plus longtemps tolérée.

A présent, nous avons à faire voir en quoi la concession litigieuse compromet les intérêts financiers de la ville de Gap.

On l'a déjà dit, qui donne perd: c'est pour cette raison que, lorsqu'une commune se dessaisit d'un quelconque de ses biens, c'est toujours en vue d'un avantage équipollent, médiat ou immédiat; elle ne doit point donner, elle doit vendre. C'est là un principe absolument constant et au-dessus de toute contestation. Aussi, en parcourant les annales administratives, voit-on que c'est toujours d'après ces maximes qu'ont été dans tous les temps, gérés les intérêts communaux, par les administrateurs des plus grandes villes, aussi bien que par les conseils municipaux des plus humbles villages. C'est ainsi, pour n'en citer que deux exemples, que la concession faite au sieur Hautpoix, ingénieur des pompes à feu, établies à Paris, par arrêté du Préfet de la Seine, du 31 décembre 1807, du superflu des eaux chaudes qui s'échappaient de la pompe à feu de Chaillot et de la faculté de les conduire, à travers les rues et places publiques, sur un parcours de peu d'étendue, jusqu'à un établissement appartenant au concessionnaire, a été consentie moyennant la somme annuelle de 300 francs, pour un temps illimité et sous la condition expresse de supprimer les conduits sans indemnité, et de retirer ces mêmes eaux, lorsque la ville jugerait plus convenable de les employer à un autre usage.

Le second exemple nous est fourni par la commune de Rothau, dans l'arrondissement de Saint-Dié, département des Vosges, commune comptant à peine huit cents habitants, et dont le Conseil ne renfermait dans son sein, lorsque se passa le fait que l'on va rapporter, ni docteur, ni licencié en droit, ni avoué, ni notaire, mais tout bonnement des cultivateurs, hommes de sens et n'ayant rien tant à cœur que les intérêts de leurs administrés. Eh bien! voici comment ce conseil jugea à propos d'agir à l'occasion de la cession d'un droit de servitude: une dame Pramberger eut besoin, en 1826, d'appuyer sur l'un des murs de la maison d'école appartenant à cette commune, la charpente d'un moulin à foulon, précédemment autorisé sur le canal d'un ruisseau. Le Conseil, convoqué à cet effet, fut d'avis d'accorder l'autorisation demandée, mais à la condition que l'impétrante paierait pour prix de la concession une somme de six cents francs comptant; servirait à perpétuité une rente annuelle de cent francs, au capital de deux mille francs, et qu'elle construirait, à ses frais, dans l'intérêt public, des murs de soutènement le long du ruisseau dont les eaux devaient faire mouvoir son usine, ainsi qu'un pont devenu nécessaire pour la circulation.

Ces conditions furent acceptées, et le 8 avril 1826 fut passé, pardevant notaire, un acte sur les bases qui viennent d'être indiquées (1).

La concession consentie en faveur de l'ingénieur Hautpoix, par la ville de Paris, et celle faite à la dame Pramberger, par la commune de Rothau, avaient, sans contredit, beaucoup moins d'importance que le droit de passage accordé à M. Pascal sur les chemins vicinaux

(1) Gagneraux, *Mémorial du notariat*, vol. 2, art. 298.

et autres terrains communaux de la ville de Gap, pour la conduite de ses eaux. N'est-ce pas une conséquence à tirer rigoureusement de ces faits, que si les administrateurs de ces deux localités eussent eû à concéder, sur leur territoire, des droits aussi étendus que celui qui a été si généreusement octroyé à notre adversaire, ils ne l'eussent pas fait gratuitement d'abord, et qu'ensuite ils auraient exigé de leurs concessionnaires des indemnités proportionnelles à l'importance des droits concédés.

Voilà, en raisonnant par analogie, comment auraient procédé la capitale et l'une des infiniment petites communes de France. Voilà précisément comment n'a pas procédé l'ancienne administration de la ville de Gap. Est-il bien étonnant, dès lors, et n'est-ce pas avec raison que l'on fait à la mesure adoptée par le Conseil municipal le 21 janvier le reproche d'avoir compromis les intérêts financiers de la commune, bien que d'ailleurs l'on se plaise à reconnaître que tout le monde, dans cette affaire, a été animé des meilleures intentions.

On sait que, pour écarter ce dernier grief, on ne manquera pas d'alléguer que l'ancien Conseil municipal, en accordant gratuitement l'autorisation demandée par M. Pascal de passer ses eaux sur tous les chemins et dans toutes les rues de la ville, n'a fait que ce que toutes les administrations municipales et l'administration des ponts et chaussées, elle-même, font tous les jours;

qu'en conséquence, sur ce point, la critique que l'on vient de faire de l'acte du 21 janvier n'est point fondée.

Oui, sans doute, et nous n'en disconvenons pas, l'administration des ponts et chaussées et les municipalités accordent journellement des autorisations de voirie à titre gratuit; mais quand elles le font, elles ont bien soin de se renfermer dans les limites des règlements et de ne jamais donner à ces autorisations une extension qu'elles ne doivent pas avoir.

Or, est-ce d'après ces errements qu'a agi l'édilité Gapençaise dans l'affaire des eaux du Peyssier? Aussi bien, la question mérite-t-elle d'être examinée.

Le règlement du 1er septembre 1837, sur la voirie vicinale dans les Hautes-Alpes, porte:

« Art. 79. Il est expressément défendu de se servir
« de tout ou partie de la surface des chemins vicinaux
« pour la conduite des eaux d'arrosage ou de desséche-
« ment et de les convertir en abreuvoir ou en mares
« de rouissage.

« Les eaux pourront être conduites dans des fossés
« latéraux des chemins susdits, à la charge de leur en-
« tretien ou de leur élargissement, s'il est nécessaire,
« par les propriétaires riverains de ces passages.

« Art. 76. Il est expressément défendu de combler
« les fossés pour donner passage aux bestiaux ou aux
« voitures de toute nature.

« Les propriétaires pourront établir des ponts per-
« manents ou temporaires pour communiquer à leurs
« propriétés; ils seront tenus de les disposer de telle
« sorte que les eaux conserveront le débouché qui leur
« est nécessaire et la voie publique sa largeur. »

L'article 90 prescrit les mesures à prendre pour réprimer les anticipations sur la voie publique.

Voilà, de ce règlement, les seules dispositions qui aient trait aux autorisations de voirie.

L'article 76 permet d'établir des ponts permanents et temporaires sur les fossés latéraux des chemins vicinaux; l'article 79 défend de couvrir la surface de ces chemins des eaux destinées à certains usages privés. Aucun de ces articles, à plus forte raison, ne permet-il de fouiller dans le sol de ces chemins pour y construire des aquéducs ou y poser des conduits.

Or, ce que la loi ne permet pas, la loi le défend; d'où il résulte qu'aux termes du règlement arrêté pour l'exécution de la loi du 21 mai 1836, dans le département des Hautes-Alpes, l'établissement d'aquéducs ou cassis pour la conduite des eaux, à travers le sol ou sur la surface des chemins dépendants de la grande ou de la petite vicinalité, n'est pas susceptible d'être autorisé, peu importe que ce soit à titre gratuit ou non gratuit.

Dans ce cas, les aquéducs Pascal sont une anticipation

prohibée sur la voie publique, qui tombe, conséquemment, sous l'application de l'article 90 du règlement précité.

Mais nous voulons bien admettre que l'interprétation qui est ici donnée de ce règlement soit trop stricte, un peu judaïque et qu'il ne soit jamais venu à la pensée de l'administrateur qui l'a rédigé d'interdire, sur les chemins vicinaux, l'établissement des servitudes de l'espèce; dans ce règlement, alors, il existe des omissions, il y a des lacunes. Comment, dans ce cas, la difficulté doit-elle être résolue? Nous allons l'indiquer en peu de mots.

C'est un fait certain que l'on peut considérer comme compris dans la généralité d'une loi ou d'un règlement les cas qui n'ont pas été déterminés, quand l'identité ou l'analogie avec ceux qui ont été prévus peuvent servir à les décider: spécialement, en matière de voirie, si le texte du règlement que l'on a à appliquer se tait sur certains cas, il est reçu qu'on doit opérer, alors, d'après les règlements en vigueur dans les autres départements, puisqu'ils sont tous indistinctement l'expression de la volonté ministérielle, naturel interprête du législateur.

Or, si l'on se reporte aux divers règlements qui ont été rendus sur les chemins vicinaux et particulièrement à celui de Saône-et-Loire, déjà cité, et à celui de la Haute-Garonne, approuvé par le Ministre le 23 juillet 1845, on trouve que ces règlements ont prévu le cas sur lequel celui des Hautes-Alpes garde un complet silence.

Le règlement de Saône-et-Loire, article 105, est ainsi conçu :

« Lorsqu'un propriétaire demandera à conduire des « eaux *d'un côté à l'autre de la route*, cette autorisa- « tion pourra lui être accordée, à la charge d'établir à « ses frais, dans toute la largeur du chemin, un aqué- « duc ou un cassis construit avec solidité et dans les « dimensions déterminées par un arrêté du Sous- « Préfet, sur la proposition du maire, lorsqu'il s'agit « d'un chemin vicinal. L'arrêté sera pris par le Préfet, « sur le rapport de l'Agent-voyer, lorsqu'il s'agira d'un « chemin de grande communication, etc. »

Le règlement de la Haute-Garonne, dans son article 97, contient de semblables dispositions:

« Les propriétaires peuvent obtenir l'autorisation de « pratiquer des aquéducs traversant les chemins. Dan « ce cas, les frais de leur établissement seront à « charge du propriétaire.

Si l'on s'en tient au texte et à l'esprit de ces deux règlements, les articles que l'on vient de citer n'étant pas énonciatifs, mais limitatifs, il devient manifeste que les aquéducs, cassis ou conduits qui traversent les chemins dans le sens de leur largeur, sont les seuls qu'ils soient facultatifs d'autoriser à titre gratuit; que l'autorisation doit être refusée toutes les fois qu'il s'agit d'aquéducs devant occuper la voie publique dans une partie ou la totalité de sa longueur; qu'à plus forte raison, on ne doit jamais la donner, quand les ouvrages à établir doivent porter sur toute l'étendue des chemins de l'entier territoire d'une commune.

Cette doctrine ne se déduit pas seulement des textes des règlements spéciaux sur la matière, elle s'appuie encore sur les principes du droit commun.

En effet, tout le monde conviendra que c'est la loi de l'égalité qui doit régler les rapports de tous les habitants d'une cité. Du même droit qu'un citoyen a construit des aquéducs ou posé des conduits dans le sol et le long des chemins vicinaux, pour amener ses eaux d'une très grande distance, à sa maison ou à son jardin, dans la ville, son voisin et successivement et indistinctement les autres voisins de celui-ci auront tous le droit d'en faire autant pour leur propre compte.

Dans cette hypothèse, il arrivera de deux choses l'une: ou l'autorité accordera à quiconque la demandera la permission de passer ses eaux, ainsi que cela vient d'être dit, alors, les empiètements particuliers ne tarderont pas à absorber la voie publique, le service de la viabilité se trouvera compromis, et les chemins seront abandonnés à des usages essentiellement incompatibles avec leur destination primitive.

Or, d'après la loi romaine, ce type de la raison primordiale, de semblables anticipations ne doivent être ni autorisées, ni tolérées (1).

Dans le second cas, l'autorisation sera donnée à un seul ou à quelques-uns pour être refusée à tous les autres; mais alors, on tombe dans un inconvénient qui n'est pas moins à redouter; pour favoriser quelques particuliers, on méconnait les droits de liberté et d'usage concurrents qui appartiennent à chacun, et l'on crée des privilèges inconciliables avec l'esprit de la dernière constitution qui a de nouveau sanctionné les principes de 89.

Ces privilèges ne sont plus ni dans nos mœurs, ni dans nos lois; et, selon nous, ce serait faire bien certainement injure à l'autorité supérieure que de penser qu'elle pût être disposée le moins du monde, à voir d'un œil indifférent ou à couvrir de sa protection une aussi criante anomalie,

Ce n'est donc pas sans les plus justes motifs que le grief d'avoir compromis les intérêts de la ville, par une autorisation de voirie donnée en dehors de toutes les règles, a été soulevé par les co-intéressés de La Bonne,

(1) *Dig. Lib.* 43, tit. 10, *in vià publica*, L. 1, § 2 et tit. 8, *Ne quid in loco publico*, L. 2, § 31.

contre la majorité de l'ancien conseil ; et, ce grief, l'on cherchera vainement à l'écarter, en excipant de l'utilité qui résulterait pour la ville de la conclusion du marché projeté avec M. Pascal ; aux yeux des gens sensés, l'utilité de ce marché n'est autre chose qu'un moyen à l'aide duquel on a voulu faire prendre le change à l'opinion publique ; car, outre qu'elles sont complètement irréalisables, les conditions par lui proposées sont tellement onéreuses qu'une administration économe et prévoyante se gardera bien de jamais les accepter.

Ainsi, M. Pascal prendrait l'engagement de fournir l'eau nécessaire à l'alimentation de cinquante nouvelles bornes-fontaines à établir dans les divers quartiers de la ville, qui lui seraient désignés, et de faire tous les travaux que comporterait la mise à exécution de ce projet. En retour, il demanderait qu'on lui assurât une rente perpétuelle de 4,000 mille francs ; que les eaux qui entretiennent les fontaines actuellement existantes lui fussent abandonnées, pour être réunies à celles qu'il céderait et que le droit de faire des concessions pour les usages privés, lui fût expressément réservé.

Telles sont, si l'on s'en rapporte à des personnes dignes de foi, et que l'on a tout lieu de croire bien informées, les bases d'après lesquelles l'ancienne administration municipale devait traiter avec M. Pascal. Il faut bien en convenir ; de prime abord et à ne considérer que l'utilité

7

du but à atteindre, il n'y a aucune de ces conditions qui ne paraisse avantageuse et, conséquemment, parfaitement acceptable.

Gap, fait-on observer, n'a aujourd'hui que quelques fontaines, des pompes en assez grand nombre, il est vrai; mais comme chacun sait, d'un usage on ne peut plus incommode.

L'entretien de ces pompes et de ces fontaines coûte annuellement 2000 francs. Qu'on double chaque année cette dépense et l'on remplace une eau de puits par une eau beaucoup plus salutaire, par une eau courante.

Des fontaines établies sur tous les points de la ville contribueront partout à l'agrément et à la propreté des rues, influeront d'une manière heureuse sur la salubrité, et, ce qui est un autre avantage qu'on ne saurait trop apprécier, en cas d'incendie, fourniront un moyen prompt et assuré d'arrêter les progrès du fléau.

Sans doute, la question ainsi présentée ne peut manquer de gagner des partisans à la cause de nos adversaires. Sur ce chef, les raisons par eux alléguées sont spécieuses, entraînantes. Il n'est donc pas extraordinaire que des hommes sérieux et sincèrement dévoués au bien public aient songé à réaliser ce projet, en souscrivant à toutes les conditions qui s'y trouvent attachées; qu'aujourd'hui encore, ils le caressent avec une prédilection marquée et qu'ils en fassent l'objet de leurs plus constantes préoccupations.

Mais quiconque, se gardant d'un enthousiasme irréfléchi et jugeant sainement des choses, examinera ce projet sans prévention, l'analysera dans ses détails et le considérera sous tous ses aspects, sera bien vite convaincu que les sacrifices dont la ville sera obligée de s'imposer le fardeau, pour le mettre à exécution, seront loin d'être compensés par les avantages quelque peu problématiques que l'on s'en promet, et qu'à fin de compte, des difficultés auxquelles on n'avait nullement songé, viendront se mettre à la traverse et rendre la conclusion du traité impossible, à moins que d'en changer les bases de fond en comble.

Commençons par dire quelles sont ces difficultés :

Les aquéducs sont la propriété des villes dont ils alimentent les fontaines ; et, comme ils sont consacrés à l'usage de tous les membres de la communauté, ils appartiennent au domaine public municipal, au même titre que les fontaines, les rues, les places et les promenades (1). Ils sont donc inaliénables et imprescriptibles. *Aquæ fontium publicarum neque albergari, neque per*

(1) Daviel, *Traité des cours d'eau*, tom. 2, p. 456.—Dalloz, *Répertoire général*, tom. 19, n° 278.

principis rescriptum concedi possunt, rapporte l'ancien jurisconsulte dauphinois François Marc (1), et cette doctrine n'a été modifiée en rien, par la législation aujourd'hui en vigueur.

Ces principes admis, comment, alors, acceptera-t-on la condition imposée par M. Pascal, de lui abandonner la jouissance des fontaines actuelles de la ville ? Une pareille concession serait la mise dans le commerce d'une chose, de sa nature, inaliénable; c'est faire entendre assez clairement que la cession en serait nulle de plein droit.

En second lieu, si l'on acquiesce à la proposition par lui faite de créer de nouvelles fontaines, et de les alimenter au moyen des eaux venant de ses propriétés de Charance, dès l'instant que ces eaux auront reçu une destination publique, elles ne seront plus susceptibles d'appropriation privée; elles auront cessé de lui appartenir; incorporées au domaine public municipal, elles deviendront, comme lui, imprescriptibles, et seront soumises à la même loi d'inaliénabilité; en conséquence, il ne sera pas possible à l'autorité de laisser à M. Pascal la faculté de pratiquer des prises sur ces eaux, de manière à en faire des concessions particulières à son profit; car l'abandon d'un pareil droit serait aussi

(1) Tome 1, quest. 559 et suiv.

illicite et aussi opposé à la véritable destination de ces aquéducs que le serait la vente des fontaines elles-mêmes.

Cette seconde condition serait donc, ainsi que la première, absolument irréalisable. C'est ce que nous nous étions proposé de démontrer.

La question actuellement à discuter est de savoir si la ville serait réellement en perte, en achetant au prix de la rente perpétuelle de 4,000 francs dont il a été fait mention, la création d'un certain nombre de bornes-fontaines. Nous n'hésitons pas à nous prononcer pour l'affirmative, mais pour établir la vérité de cette assertion il est nécessaire encore de remonter aux principes.

Un arrêt de la cour d'appel d'Aix du 13 août 1820 a décidé qu'une eau de source doit être considérée comme une eau courante (1).

Or, toute possession exclusive d'une eau courante est incompatible avec les vues que s'est proposées la Providence, en basant l'union des sociétés sur la communion des éléments (2).

Il serait, en effet, étrange, a dit il y a déjà longtemps, un célèbre jurisconsulte anglais, qu'on pût exercer

---

(1) Daviel, ouvrage cité, tome 2, page 377.

(2) Rapport du député Arnoult à l'Assemblée constituante au nom du Comité du domaine, de l'agriculture, etc., séance du 23 avril 1791.

un droit de propriété sur une chose aussi mobile et aussi fugitive (1).

Aussi, la tient-on pour n'être pas susceptible d'appropriation privée (2).

Considérée comme substance indépendante du terrain sur lequel elle repose, l'eau courante est placée par le droit romain dans cette communauté universelle généralement appelée communauté négative (3).

Elle est *inter res communes*, par rapport au droit que chacun a de s'en emparer; elle est *res nullius*, parce que personne n'en a la propriété, tant qu'elle demeure en cet état de communauté négative et qu'on ne peut l'acquérir qu'en s'en emparant (4).

Il suit évidemment de ces principes, que ce n'est point comme objet isolé, mais comme accessoire du fonds et par application de l'article 552 du code civil, qu'une source appartient au propriétaire du terrain dans lequel elle prend naissance (5), et que si ce propriétaire peut justement se prétendre maître du lit du ruisseau formé

---

(1) Callis, *Statute of sewers*, lectura, 2a page 97.

(2) Dalloz, *Réper. gén.*, V° *Eaux;* tome 19, n° 214.

(3) Pothier, *Traité du domaine de propriété*, partie 1re, ch. 2, section 1, art. 1.—Arrêt de la cour d'appel de Colmar, du 6 février 1839, *aff. Marchal.*—Pardessus, ouvrage cité, tom. 1, pag. 174.

(4) *Instit. de rerum divisione*, §§ 1 et 2. (Code Nap., art. 714).

(5) Dig. L. 43, quod vi aut clàm, L. 10.—Dunod, *Traité des prescrip.*, partie 1re, chap. 12, p. 77.

par cette source, il n'en est pas de même à l'égard des eaux qui en découlent.

Ainsi que le porte l'article 641 du code, il peut bien user de ces eaux, en jouir de la manière la plus illimitée pour son utilité propre. Néanmoins, ce droit ne va pas jusqu'à pouvoir en mésuser et les perdre, sans aucun profit pour lui-même, et dans la seule intention de nuire à autrui, parceque n'étant que simple usager, il est obligé de conserver la substance de la chose dont il jouit (1), et que, s'il ne la conservait pas, il se rendrait coupable envers la société d'une injustice considérable, la loi naturelle ne permettant pas qu'on abuse en pure perte d'un élément de première nécessité, au préjudice des besoins que le public en a (2).

Mais aussitôt que l'eau est sortie du fonds du maître de la source, elle n'est plus à la disposition exclusive de personne (3).

Ce propriétaire du fonds de la source n'aurait donc pas le droit d'attaquer en restitution ceux qui se serviraient de cette eau hors de son héritage (4).

Le droit de l'utiliser ne pourrait non plus devenir, de

---

(1) Proudhon, *Traité du domaine public*, tome 4, p. 326 et 327.

(2) Pothier, ouvrage cité, partie 1re, chap. 1er, n° 15.—Pardessus, ouv. cité, tom. 1, n° 100.

(3) Proudhon, ouv. cité, tome 4, p. 422.

(4) Bardet, t. 1, L. T. ch. 65.—Chabrol, *Coutumes d'Auvergne*, tome 2, p. 717.

sa part, l'objet d'une vente proprement dite, car on ne peut vendre une chose de laquelle on n'a plus la propriété (1).

Par les mêmes motifs et dans le même cas, il ne lui serait pas même permis d'en affermer l'usage (2).

Ainsi donc, des conventions passées entre le propriétaire de la source et les riverains inférieurs n'auraient d'autre effet que de priver le premier de la faculté de disposer de son ruisseau, c'est-à-dire, de lui donner une direction contraire ou d'en absorber les eaux à son profit (3).

En ce qui touche au règlement de la somme qui peut être raisonnablement exigée pour prix d'une concession de l'espèce, il faut observer que l'eau ne doit entrer pour rien dans l'évaluation du prix, et que ce prix qu'il serait plus juste d'appeler une indemnité, doit être gradué à raison du dommage qui peut résulter pour le propriétaire du fonds de la source, soit de la privation partielle ou totale de l'élément concédé, soit de l'empêchement qu'il s'est imposé à lui-même de ne plus

---

(1) Dalloz, *Répertoire général*, tome 19, V° *Eaux*, n°s 144 et 215.

(2) Proudhon, *Traité du dom. pub.*, tome 4, n° 1207, p. 147.

(3) Proudhon, *Idem*, tome 4, page 144, n° 1437.—Duport-Lavillette, *Questions de droit*, tome 3, page 106.

changer la direction du ruisseau, pour en porter ailleurs les eaux et pour les utiliser de toute autre manière (1).

Telle est sur ce point important la doctrine professée par l'auteur du *Traité du domaine public*; celle qu'enseigne Lepage est absolument identique.

Celui qui cède les eaux d'une source, dit cet auteur, a toujours le droit de se faire indemniser. En conséquence, si l'on a recours à des experts pour fixer le chiffre de cette indemnité, ces experts évaluent à une somme d'argent, non pas ce que valent les eaux dont profitent ceux à qui la concession en a été faite, car on ne peut pas mettre un prix à des choses de cette nature, mais ils doivent dire de combien est diminuée la valeur du fonds où est la source, par l'assujétissement d'en laisser couler l'eau dans une direction plutôt que dans une autre. Dans bien des circonstances, cette indemnité est de peu de chose (2).

Ces principes de droit une fois assis d'une manière solide, et nous soutenons qu'ils sont à l'abri de toute réfutation, il nous reste à les appliquer en faisant connaître le véritable chiffre de l'indemnité à allouer à M. Pascal, dans le cas où les eaux seraient prises par

(1) Proudhon, *Traité du dom. pub.*, tome 4, page 376, n° 1390.

(2) *Lois des bâtiments* ou *Le nouveau Desgodets*, tome 1er, page 20 et 21. Voir aussi le *Diction gén. d'administ.*, V° *Cours d'Eau*, pag. 579, art. de M. Daviel.

l'administration municipale pour alimenter les bornes-fontaines en projet.

D'après ce qui a été tout à l'heure avancé, il est clair que le chiffre auquel s'élèverait cette indemnité serait du montant des dommages qui résulteraient, pour le domaine de Charance, soit du changement de direction donnée aux eaux concédées, soit de la diminution de valeur qu'éprouverait cette propriété, par suite de la privation de ces mêmes eaux.

Or, ainsi qu'on l'a déjà vu, les eaux de M. Pascal coulent ostensiblement dans les rues de la ville, depuis le mois de juillet 1852; pour les y amener, et les faits sont là pour l'attester, il n'a pas été nécessaire de faire suivre au ruisseau qui les fournit, une direction autre que celle qu'il avait précédemment. Leur point de sortie du domaine de Charance est le même aujourd'hui qu'il l'était auparavant; seulement, lorsqu'elles sont parvenues au bord du chemin vicinal qui est contigu à la propriété de notre adversaire, celui-ci, au lieu de les abandonner à leur pente naturelle, en les laissant tomber dans le Peyssier, les introduit dans ses aquéducs et les conduit ainsi, par de longs détours, aux bâtiments des casernes.

Dans ce cas, quel préjudice, demandons-nous, résulte-t-il pour le domaine possédé par M. Pascal, de ce que les eaux, objet de cette discussion, une fois les limites de sa propriété franchies, coulent du côté du sud plutôt que de celui de l'est? De toute évidence, absolument aucun.

Si le marché passé avec le ministère de la guerre continue à être exécuté et que la ville vienne à terminer celui qu'elle était en voie de négocier avec M. Pascal, il sera interdit, il est vrai, à ce dernier de rien innover ni de rien faire au cours du ruisseau qui puisse apporter la moindre entrave à la jouissance des eaux par lui concédées.

Mais, nous prétendons que cette interdiction doit être considérée comme ne devant jamais être préjudiciable au propriétaire du fonds de la source, car elle avait lieu de fait, avant que d'exister en vertu des conventions des parties.

En effet, à cause de la nature et des accidents du terrain, et à moins que, pour en changer le cours, l'on ne fasse, sans but d'utilité plausible, des dépenses relativement considérables, le ruisseau du domaine de Charance sera toujours condamné à occuper le lit dans lequel il coule actuellement. C'est une vérité dont il est facile de se convaincre, rien qu'en voyant la disposition des lieux.

Sous le rapport de la privation des eaux, c'est aussi un fait positif que la valeur de la propriété de M. Pascal n'a point diminué depuis que ses eaux arrivent dans la ville, et qu'il en serait ainsi, lors même qu'elles y flueraient en plus grande quantité. Que faisait de ces eaux M. Pascal, avant la construction de ses aquéducs ? Il les laissait couler dans le Peyssier. Ce fait ne prouve-t-il pas que ci-devant elles lui étaient complètement inutiles ? Maintenant, qu'en ferait-il encore si le droit de passage sur les chemins vicinaux lui était retiré? Il ne pourrait les utiliser pour quoi que ce fut, et il serait toujours dans la nécessité de leur laisser prendre leur ancienne direction du côté de la Bonne, attendu, qu'en définitive, elles constituent un superflu dont il n'a que faire pour les besoins de son domaine.

Ainsi, dans le cas de la conclusion du marché projeté avec la ville, nul dommage ne résulterait pour notre adversaire de ce qu'il lui serait interdit de changer la direction des eaux de sa source, et par suite de la privation des eaux cédées, la valeur de sa propriété n'aurait pas à subir la moindre diminution.

Les dommages étant nuls, nulle aussi serait l'indemnité à allouer: mais, dans le marché en question, l'estimation à donner à l'eau n'est pas le seul élément qu'il faille considérer. Il faut, de plus, faire entrer en ligne de compte, le prix du terrain occupé par les aquéducs, les frais faits ou à faire pour l'achat et la pose des conduits, ainsi que pour l'établissement des nouvelles bornes-fontaines.

D'abord, quant à l'emplacement occupé par les conduits, bien que cet objet soit d'une valeur considérable, la ville le lui ayant cédé gratuitement, il est inadmissible que M. Pascal puisse avoir l'intention, en retour, de le lui faire payer.

Reste donc à évaluer les dépenses occasionnées par l'achat et la pose des tubes en terre servant à amener les eaux, et les frais de premier établissement des fontaines projetées.

Des hommes de l'art estiment que les travaux déjà exécutés ont coûté à M. Pascal 6,000 francs. Pour qu'on ne nous accuse point d'être en dessous de la réalité, portons, si l'on veut, cette dépense au double, l'on atteint ainsi le chiffre de 12,000 francs; admettons, en outre, que les frais que nécessitera l'édification des nouvelles fontaines s'élèvent à la même somme, soit à 12,000 francs; en assignant 4,000 francs au chapitre des dépenses imprévues; en donnant, au besoin, 2,000 francs à titre d'indemnité pour la cession des eaux, l'on ne dépassera pas, pour la totalité des dépenses, le chiffre de 30,000 francs, capital représentatif, au denier vingt, de la rente annuelle et perpétuelle de 1,500 francs. Or, si 1,500 francs de rente ou le capital qu'elle représente doivent suffire pour faire face à toutes les dépenses des travaux à exécuter et de ceux qui le sont déjà, il devient incontestable que l'autorité locale, si elle consentait jamais à traiter sur le pied de la rente de 4,000 francs, ferait un marché extrêmement compromettant pour les intérêts financiers de la ville, puisqu'elle payerait en trop la rente de 2,500 francs, soit en capital 50,000 francs.

En ce qui concerne le droit que l'on abandonnerait à M. Pascal de faire des concessions d'eau, pour son compte particulier ; les conséquences d'un pareil abandon seraient aussi, comme on va le voir, on ne peut plus préjudiciables.

Précédemment, nous avons donné les raisons pour lesquelles il n'était permis à aucun citoyen de pratiquer arbitrairement des prises d'eau sur les aquéducs publics.

Mais là où les sources produisent plus d'eau qu'il n'est nécessaire pour l'alimentation des fontaines, les officiers municipaux font aux habitants des concessions d'une quantité d'eau déterminée. Ces concessions ne constituent pas une prélibation privilégiée sur les eaux consacrées à l'usage du public, mais seulement une jouissance sur les eaux superflues (1). Dans tous les cas, et lors même que par acte, on aurait stipulé le contraire, elles sont toujours subordonnées aux besoins publics, c'est-à-dire que, dans le cas de diminution dans le produit des sources, le service des fontaines publiques doit

(1) Daviel, *De la législation des cours d'eau*, tome 2, page 880, n° 450.

d'abord être assuré et celui des fontaines particulières suspendu, jusqu'à ce que l'eau reparaisse en un volume suffisant pour satisfaire à toutes (1).

Dans ce dernier cas, et même dans celui où les aquéducs ne fourniraient plus d'eau, en raison de ce que les sources auraient tari, les concessionnaires n'auraient aucune action en dommages-intérêts contre l'autorité municipale (2).

Les concessions ainsi faites constituaient autrefois, comme elles constituent encore aujourd'hui, le revenu le plus important de certaines villes.

C'est un produit que l'article 31, n° 9 de la loi du 18 juillet 1837 a conservé au rang des revenus communaux.

Or, on n'exagère pas en avançant qu'à Gap, si l'eau y arrivait en plus grande abondondance, trente concessions, au moins, seraient immédiatement demandées ou par de simples particuliers ou par des établissements publics.

Sans évaluer ces concessions à 6,000 francs (car ce prix est de beaucoup trop élevé), mais en les estimant seulement à 2,000 les unes dans les autres, le bénéfice

(2) Romagnos, *Della condotta delle acque*, part. 1, L. 2, § 28, et M. Daviel, ouvrage cité.

(2) Motifs du Conseil d'Etat du 23 octobre 1835. Affaire Delorme.

qu'on en retirerait ne serait pas moindre de 60,000 francs.

Admettons que le concédant soit M. Pascal. En sus du profit considérable dont il a été tout-à-l'heure fait mention, il aurait encore celui qu'il retirerait des concessions privées ; en sorte, qu'en définitive, cette spéculation rapporterait à son auteur ni plus ni moins qu'une centaine de mille francs. En même temps, et par contre-coup, la ville se trouverait frustrée d'une branche de revenu qu'elle eût été tôt ou tard appelée à exploiter pour son propre compte de la manière la plus lucrative. Sous ce rapport, ses finances auraient ultérieurement à pâtir ; c'est un fait qu'on ne saurait mettre en doute. Ensuite, dans les temps de sécheresse, quel grave inconvénient ne résulterait-il pas du conflit qui éclaterait infailliblement entre la commune et les concessionnaires particuliers à l'occasion du droit de priorité à la jouissance des eaux concédées? De ce conflit, naîtraient des contestations, des discordes, des haines, de ruineux et interminables procès. N'est-ce pas un motif de plus pour désirer, dans l'intérêt de la paix publique, que le marché projeté soit complètement abandonné.

Dans la discussion qui précède, nous avons constamment raisonné d'après cette supposition que le propriétaire du domaine de Charance a le droit de disposer, à son gré, des eaux qui, de son fonds, coulent dans le béal Le Peyssier. Plaçons, maintenant, la question sur son véritable terrain; en d'autres termes, raisonnons d'après la seule hypothèse admissible, celle où les propriétaires de la partie inférieure de la Bonne sont considérés comme ayant des droits incommutablement acquis à la possession des eaux litigieuses: dans ce dernier cas, il est évident que la ville ne devrait pas traiter avec M. Pascal, parce qu'elle aurait à craindre que la cession que celui-ci lui consentirait des eaux dont il se croit le propriétaire exclusif, ne fût nulle, aux termes de l'article 1599 du code Napoléon, puisqu'elle porterait sur la chose d'autrui.

Mais alors, y aurait-il avantage pour la ville à s'emparer de ces mêmes eaux, par la voie de l'apropriation pour cause d'utilité publique? Nous ne le pensons pas, et voici les raisons que nous avons à faire valoir à l'appui de l'opinion que nous venons d'émettre.

Quand au lieu de pourvoir aux inconvénients survenus dans le cours des eaux, l'administration croit devoir autoriser une nouvelle direction donnée à un ruisseau ou à une rivière, les propriétaires qui, par suite de l'exécution de ce plan, se trouvent privés de celles dont ils avaient la libre disposition soit pour l'irrigation de leurs terres soit pour le roulement de leurs usines, ont incontestablement droit à une indemnité, parce que c'est

8

là vraiment une expropriation publique (1) et cette indemnité s'évalue toujours au prorata des préjudices soufferts, et en raison de la dépréciation qu'éprouve la valeur des fonds riverains endommagés (2).

Il est facile, d'après ces principes, de déterminer le montant des sommes que la ville de Gap, dans l'éventualité d'une expropriation, aurait à compter aux propriétaires dépossédés, préalablement à son entrée en jouissance.

D'un travail préparatoire que l'on a fait sur des données exactes, mais dont ici les détails sont à dessein supprimés parce qu'il serait trop long et trop fastidieux de les rapporter, il résulte que le total des indemnités à allouer atteindrait à un chiffre excessivement élevé.

Or, à ce compte et attendu l'exiguité des ressources dont elle dispose, la ville ne peut pas sérieusement songer à se procurer, au prix d'aussi grands sacrifices, l'avantage de posséder un plus grand nombre de fontaines.

En vertu de quelle nécessité si impérieuse recourrait-

---

(1) Arrêt du Conseil d'Etat du 20 novembre 1825; Sirey, 18-2-85; Chardon, *De l'Alluvion*, n° 83.

(2) Delalleau, *Traité de l'expropriation publique*, n°s 827 et suivants; Arrêt de la Cour d'appel de Bourges du 13 février 1827, affaire Fournier; Lois de 1833 et du 3 mai 1841, sur l'expropriation pour cause d'utilité publique.

elle d'ailleurs, à la mesure de l'expropriation? Y a-t-il, en effet, pour elle une urgence si grande, un tel besoin d'eau qu'il ne lui soit permis ni d'hésiter ni d'attendre? En aucune façon : les fontaines et les pompes qui existent aujourd'hui, à Gap, suffiraient aux besoins d'une population de 50,000 âmes; de bonne foi, nous le demandons, comment fera-t-on, dans ce cas, pour faire déclarer l'utilité publique?

D'autre part, il n'y aura de très-longtemps dans la caisse municipale assez de fonds pour faire face à de grandes dépenses opérées en dehors des prévisions ordinaires du budget. Comment, encore une fois, s'y prendra-t-on pour désintéresser immédiatement les propriétaires expropriés ? Contractera-t-on un emprunt ? Créera-t-on de nouvelles taxes communales, ou bien augmentera-t-on celles qui existent déjà ?

Mais prendre ces moyens extrêmes, c'est engager dans une voie funeste les finances de la ville, s'exposer à de singuliers mécomptes et préparer à soi-même ainsi qu'aux administrations futures d'inextricables embarras.

En présence des graves inconvénients qu'entrainerait le recours à l'expropriation, il faut croire qu'une réflexion calme et un examen attentif de la situation des choses feront renoncer à l'emploi de cette mesure, et qu'enfin, se rendant à l'évidence des raisons produites dans le cours de cette discussion, les esprits les plus récalcitrants se convaincront de la nécessité de rejeter, une fois pour toutes, les propositions faites par M. Pascal, et cela d'autant plus facilement qu'il est avéré qu'au moyen de fouilles pratiquées avec intelligence sur certains points bien connus du territoire de Gap, la nouvelle administration peut, si elle le veut, parvenir au but désiré, sans de trop grands frais et sans avoir à froisser aucun droit acquis, tout en augmentant annuellement les ressources financières de la commune et tout en se créant des titres durables à la reconnaissance publique.

§ 5.

Du Scorbut.

Des affections de nature scorbutique, autrement dit le scorbut, ont-elles jamais sévi épidémiquement dans les casernes de la ville ? L'eau de puits, dont la garnison a, de tout temps, fait usage, doit-elle être considérée comme ayant été la cause occasionnelle de cette épidémie? Enfin, peut-on combattre victorieusement cette affection en substituant à l'usage de l'eau de puits celui des eaux d'une fontaine fluente? Telles sont les principales questions que nous nous proposons d'examiner dans ce paragraphe, non seulement à cause de la liaison intime qu'elles ont avec notre sujet, mais encore à raison du haut intérêt qu'elles présentent au point de vue de l'hygiène et de la salubrité publiques.

Lors de la délibération du 21 janvier, la commission instituée par l'ancien Conseil municipal pour qu'elle eût à faire connaître son avis sur l'opportunité qu'il y avait à accepter ou à rejeter les offres de notre adversaire, a déjà, il est vrai, quoique d'une manière implicite, tranché affirmativement ces questions.

Mais à l'appui de l'opinion qu'elle a accréditée touchant la prétendue existence du scorbut dans notre ville, quelles sont les preuves qu'elle a produites, les autorités qu'elle a citées? Nous ne craignons pas d'être contredit en affirmant qu'elle n'a absolument rien prouvé de tout ce qu'elle a avancé. Aussi, a-t-on de la peine à comprendre que l'avis par elle émis ait été adopté sans la moindre difficulté, sans autres et plus amples informations et surtout qu'on en ait fait le motif déterminant de la concession qui a si justement soulevé les vives réclamations des propriétaires des rives de la Bonne?

Ces mêmes questions, nous aussi, nous allons, à notre tour, essayer de les résoudre. Mais c'est inutilement que nous voudrions en donner une solution exacte, si nous aidant des données fournies par l'observation, nous ne fixions, avant tout, les idées sur ce que l'on entend par scorbut, sur les caractères qui distinguent cette maladie ainsi que sur les causes qui sont propres à la produire et à la développer.

Pinel range le scorbut au nombre des lésions organiques générales, attendu qu'il affecte en même temps la plupart des organes (1).

---

(1) *Nosographie philosophique*, tome 3, page 301.

C'est une désorganisation causée par l'altération que subit le sang dans sa composition (1) et par la déperdition qu'il éprouve de son calorique et de ses propriétés vitales (2).

Le scorbut est épidémique et sévit contagieusement sans distinction de sexe ni d'âge (3).

Les symptômes en sont aussi nombreux qu'effrayants et appartiennent tout aussi bien à celui de terre qu'à celui de mer; car c'est aujourd'hui l'une des vérités les mieux établies en médecine que ces deux affections n'ont rien qui les différencie et qu'elles réclament l'emploi des mêmes moyens thérapeutiques (4).

On a toujours observé dans le scorbut trois degrés différents.

Au début, il nait dans la partie antérieure de la bouche, aux gencives, aux amygdales, une rougeur légère, peu douloureuse et accompagnée d'une chaleur assez considérable (5). Le malade est inquiet, mélancolique ; des accès fébriles se manifestent d'une manière irrégu-

---

(1) Rostan, *Cours de médecine clinique*, 2me partie, page 695.

(2) Fourcroy, *OEuvres générales*, tome 10, ch. 8, art. 5.

(3) Pinel, *Idem.*—Larrey, *Mémoire sur le scorbut*, inséré dans la *Description de l'Egypte*, publiée par ordre de l'empereur, *Etat moderne*, tome 1er, page 506.—Fodéré, *Dictionnaire des sciences médicales*, v. Scorbut.

(4) Kerandren, *Réflexions sommaires sur le scorbut*, Paris 1803.—Pinel, nos 1091.— *Nos. philos.*, tom. 3, p. 301.

(5) Boyer, *Traité des maladies chirurgicales*, t. 3, p. 419.

lière; la face se décolore et ne tarde pas à prendre une teinte livide et cadavéreuse (1); la respiration est gênée; l'appétit nul, et un état de malaise se manifeste sur tous les tissus organiques (2),

Dans la seconde période, un affaiblissement général ayant envahi toute l'économie, les mouvements musculaires sont de plus en plus difficiles (3); de vagues qu'elles étaient dans le principe, les douleurs deviennent contusives, se localisent et se font ressentir principalement aux articulations et sur le trajet des os (4); sur la peau devenue rugueuse apparaissent de larges ecchymoses déterminées par la dilacération des vaisseaux capillaires cutanés et par l'extravasation du sang (5).

Ces ecchymoses donnent naissance à de grandes taches pourprées, violettes ou noiratres (6); des hémorragies copieuses ont lieu par les narines, la bouche, les poumons et les intestins (7); le sang est très liquide, séreux,

---

(1) *Mémoire de Larrey*, inséré dans le grand ouvrage de l'Institut d'Egypte. —*Etat moderne*, t. 1er, p. 503.

(2) Barbier, *Précis de Nosologie et de Thérapeutique*, t. 3, Ordre 4, Genre 15me, pages 625, 626 et 627.

(3) Lind, *Traité du scorbut*, p. 204 et suivantes.

(4) Rostan, *Cours de médecine clinique*, p. 695 de la 2me partie.

(5) Larrey, *Mémoire* cité, p. 505

(6) Fodéré, Larrey et Rostan, ouvrages cités.

(7) Fodéré, *Dictionnaire des sciences médicales*, et voir aussi le *Dictionnaire de médecine*, V. Scorbut. —Lind et tous les auteurs.

jaunâtre et se figeant difficilement (1) ; les viscères abdominaux s'engorgent ; les jambes, ainsi que les pieds, s'enflent d'une manière monstrueuse (2) ; les gencives s'ulcèrent profondément et ces ulcérations attaquent le voile du palais et même la voute palatine ; la sertissure des dents se désorganise ; ces corps se décharnent (3) et un flux dyssentérique s'établit, pendant que de la cavité buccale découle en abondance une salivation sanguinolente ou sanieuse et d'une repoussante et intolérable fétidité (4).

Cependant, la prostration augmente à vue d'œil ; le malade en proie à toutes les horreurs de l'hypocondrie tombe alors dans un indicible abattement (5).

Dans cette dernière période, la vue s'obscurcit (6) ; les muscles fléchisseurs de la jambe se contractent (7) ; les dents se détachent de leurs alvéoles, les chairs perdent leur cohésion, les os se carient, les épiphyses se décolent ; les cicatrices se rouvrent, les fragments osseux se désunissent et par leur séparation produisent des exostoses

---

(1) Larrey, p. 505 du mémoire cité.—Lassaigne, *Eléments de chimie*, tom. 2, page 525.

(2) Fodéré, *Dictionnaire des sciences médicales*, V. Scorbut.

(3) Lind, *Traité du scorbut*, page 204, 205 et suiv.

(4) Fodéré, *Dictionnaire des sciences médicales*, V. Scorbut.

(5) Pinel, *Nosographie philosophique*, tom. 3, p. 303.

(6) Rostan, *Cours de médecine clinique*, 2me partie, page 695.

(7) Pinel, *Nos. phil.*, t. 3, p. 303.

qui occasionnent d'inexprimables douleurs (1); quelquefois les ecchymoses sont suivies d'un endurcissement ligneux des parties (2).

Cette affection, près de sa terminaison, se complique le plus souvent d'hydropisie, de jaunisse, de typhus ou fièvre adynamique (3).

A la fin, le mal étant à son paroxisme, le sujet succombe, avec toute sa connaissance, dans un véritable état de décomposition (4), après un temps indéterminé mais ordinairement assez long et qui varie suivant la constitution du malade et l'intensité des altérations morbides.

Si les symtômes que l'on vient de décrire spécifient d'une manière tellement précise la dégénérescence scorbutique qu'il ne soit pas possible au médecin, quand ils apparaissent, de se méprendre sur la nature de cette maladie, il est tout aussi vrai d'avancer que l'étiologie de cette lésion n'est pas moins parfaitement déterminée, qu'elle n'a plus rien qui soit obscur et qui puisse, aujourd'hui, devenir l'objet d'une controverse sérieuse et de bonne foi.

---

(1) Fodéré, *Dict. des sciences médicales*, V. Scorbut; Rostan et Pinel, ouvrages cités.

(2) Rostan, *Cours de méd. clinique*, 2me partie, p. 695.

(3) Fodéré, *Dict. des sciences méd.* —Rochoux, *Rép. des sciences méd.* Vo Scorbut.

(4) Rostan, ouvrage cité, p. 695.

Depuis les observation faites par Pullois à l'île de France et aux Antilles; par Saviard, à l'Hôtel-Dieu; par Pinel, à Bicètre et à la Salpêtrière; par Fodéré, en l'an 3, dans les Hautes et les Basses-Alpes; par Desgenettes, dans l'ancien département des Alpes-Maritimes, la rivière de Gênes et autres pays limitrophes, pendant l'occupation de ces contrées par l'armée d'Italie, et par Larrey et Savaresy, à Alexandrie, lors du blocus de cette place par la flotte anglaise, en l'an 9, il n'est plus permis de douter que l'air humide et froid ne soit la cause la plus active du scorbut. (1). Néanmoins, il est reconnu que l'humidité de l'air agit plus puissamment que le froid; c'est au point que Lind n'hésite pas à déclarer que l'humidité est une cause prédisposante de cette affection (2).

Parmi les causes secondaires, une nourriture grossière et mal fermentée, l'usage de la viande fumée et

---

(1) Pallois, médecin en chef des vaisseaux de l'Etat, *Essai sur l'hygiène navale*; Paris, an 9.

Cullen, *Syn. nosolog. méthod.* 9, 86.

Saviard, *Recueil d'observ. chirugic.*

Pinel, ouvrage cité, tome 3, page 301.

(2) Fodéré, *Mémoire sur une affection des gencives et de l'intérieur de la bouche, endémique parmi les troupes de l'armée des Alpes*, imprimé à Embrun, chez Louis Motte, en l'an 3, page 20 et 21.

Desgenette, *Mémoire sur les maladies qui ont régné à l'armée d'Italie*, inséré dans le *Recueil de la Société de médecine de Paris*, t. 2, p. 250 et 251.

Larrey, *Grand ouvrage de l'Institut d'Egypte, Etat moderne*, t. 1er, page 507 et 508.

salée, disposent également au scorbut, mais seuls ne suffisent pas pour l'occasionner (1). La disette, l'abstinence des végétaux frais (2); des eaux corrompues, pour boissons (3); l'inaction prolongée, des fatigues excessives (4); les affections morales tristes, la nostalgie (5); l'altération de la pureté de l'air (6); l'absence d'insolation, la malpropreté individuelle (7) sont les autres circonstances au milieu desquelles se développe communément cette épidémie.

Mais aucun praticien recommandable, aucun auteur, que nous sachions, n'a jamais considéré l'usage de l'eau de puits comme étant propre à la faire naître.

Avec un diagnostic du scorbut aussi positif, après l'exposé que nous venons de tracer de son étiologie, assurément, la difficulté n'est pas grande de décider si cette affection a jamais été déterminée par les conditions sous l'influence desquelles le soldat se trouve ordinairement placé dans cette garnison.

---

(1) Pallois, *Essai sur l'hygiène navale*, etc.

(2) Fodéré, *Dict. des sciences médic.*

(3) Fodéré, *Id.*; Larrey, ouvrage cité, etc. etc.

(4) Rochoux, *Répert. des sciences médic.*, tome 28, V° Scorbut.

(5) Rouppe, *De morbis navig. liberam.*, p. 124.—Haller, *Elém. physol.* t. 5, p. 583.

(6) Fodéré, *Médec. légale*, t. 6, et Meyler, *Ann. d'hyg.*, t. 15.

(7) Humbert Millioz, chirugien en chef de la marine, *Essai sur le scorbut qui a régné à Alexandrie*, en l'an 9.—Voir aussi l'*Histoire médicale de l'armée d'Orient*, par Desgenette.

D'abord, la cause première, la cause efficiente et prédisposante par excellence, l'humidité de l'air a toujours fait défaut ; que l'on consulte la précieuse collection des mémoires de l'ancienne Société d'agriculture des Hautes-Alpes qui a brillé d'un si vif éclat du temps de l'Empire, et qui renfermait dans son sein tant d'hommes aux vues utiles et d'un éminent savoir ; que spécialement l'on se reporte aux remarquables travaux de M. Héricart de Thury, du docteur Farnaud, de son frère le secrétaire général, et à l'ouvrage non moins estimable de M. Bonnaire, premier préfet de ce département, l'on verra (ce dont, au surplus, personne ne doute) que s'il y a en France un climat sec, un climat non humide, c'est, sans contredit, le climat du pays que nous habitons et en particulier, celui du bassin de Gap.

En effet, il y a pas de contrée où l'air soit plus pur et les santés généralement plus robustes. Le vent du nord qui y souffle assez constamment en chasse tous les miasmes putrides et en éloigne les causes de ces épidémies qui sont si communes dans les régions en plaine et les pays marécageux.

En l'an 6, des prisonniers de guerre autrichiens furent internés dans les Alpes-Maritimes, les Hautes, les Basses-Alpes et l'Isère, à Nice, Digne, Briançon, Embrun, Gap et Grenoble. Lors de nos revers en Italie, en l'an 8, une partie des malades de notre armée, battant en retraite, furent dirigés sur ces mêmes places et y encombrèrent les hopitaux. Ces malades et ces prisonniers laissèrent, dans les villes où ils séjourneront, des germes pestilentiels semblables à ceux qui infectèrent, à cette époque, Grenoble, Nice et quelques autres villes du midi. Les redoutables maladies qui en résultèrent et qui n'étaient autres que des fièvres typhoïdes ou des affections de nature scorbutique, firent de nombreuses victimes. Mais alors qu'elles s'appesantissaient plusque jamais sur les départements voisins, elles disparaissaient rapidement dans le nôtre, sans autre secours que l'action de l'air vivifiant et régénérateur que l'on respire dans nos montagnes (1).

Cet faits sont concluants : après les avoir cités, ils serait, ce nous semble, surperflu d'insister d'avantage pour établir que l'air humide et froid n'est point la cause à laquelle il faille attribuer l'affection scorbutique qui a sévi épidémiquement dans les casernes, si tant est qu'elle y ait jamais été observée. C'est une vérité que désormais nous regarderons comme n'étant plus susceptible d'être utilement contredite.

Reste à aborder l'examen des causes secondaires. De

---

(1) *Mémoire sur la statistique du départ. des Hautes-Alpes*, adressé au ministre de l'intérieur par le citoyen Bonnaire, préfet de cedépartement, le 5 pluviose an 9, pages 20 et 21.

toutes ces causes, la seule qui nous soit opposée, la seule, par conséquent, à laquelle nous nous arrêtions, parce qu'au dire de la commission municipale, c'est la seule qui ait toujours et efficacement contribué au développement de la maladie qu'il lui a plu d'appeler scorbut, c'est celle qui prend son origine dans les propriétés délétères de l'eau du puits des casernes.

Mais hâtons-nous de dire qu'une pareille cause n'a jamais existé. C'est ce que nous allons essayer de prouver théoriquement et à l'aide de vérifications expérimentales.

Dans le bassin de Gap, on peut distinguer trois espèces d'eaux potables : 1° les eaux de source ; 2° les eaux de puits ; 3° les eaux provenant de la fonte des neiges et s'écoulant des bas-fonds des prés dits prés marais.

Les eaux de source, avant que de jaillir de terre traversant d'épaisses couches de terrains séléniteux, contiennent en solution un grand nombre de sels à base de chaux. C'est à la présence de ces sels qu'il faut attribuer les propriétés qui les caractérisent, non pas de faire naître le scorbut, mais d'être peu propres à la cuisson des légumes, et à la dissolution du savon. C'est ce qui les a fait ranger parmi les eaux dures, autrement dites eaux crues. (1)

(1) Payen, *cours de chimie élémentaire*, tome 1er, page 318.--Chimie de Lassaigne, tome 1er, page 75.

Les eaux de puits sont stagnantes ou courantes.

Les premières viennent des terres circonvoisines et sont soumises à toutes les variations de sécheresse ou d'humidité du sol adjacent. Sans cesse en repos, à l'abri du contact de l'air, et presque toujours le réceptacle de débris de substances organiques, elles se putrifient avec la plus grande facilité et sont le foyer d'où se dégagent ces gaz méphitiques, cause de ces maladies qui, comme en Hollande, déciment périodiquement les populations. (1)

Les eaux de puits courantes, étant en quelque sorte des réservoirs placés sur le trajet des sources, doivent être assimilées aux eaux de cette nature. Seulement elles sont moins chargées d'air atmosphérique et renferment généralement une plus grande quantité de sulfate de chaux. Lorsqu'elles sont ingérées elles n'ont d'autre inconvénient, de même que l'eau de neige et l'eau distillée, que de rester plus longtemps dans l'estomac et d'y produire un sentiment de pesanteur. (2) On les répute d'ailleurs bonnes à boire si elles sont limpides, sans odeur, sans couleur et sans aucune saveur sensible. (3)

---

(1) Lassaigne, *Élém. de chimie*, page 75, tome 1er.

(2) Richerand, *Précis élémentaire de physiologie*, tome 2, page 140.

(3) Thénard, *Éléments de chimie, théorique et pratique*, tome 1er, page 241, 242 et suiv.

Les eaux des prés-marais se font principalement remarquer par la quantité de carbonate de chaux qui s'y trouve dissous à la faveur de l'acide carbonique que ces eaux enlèvent aux végétaux, dans les prairies où elles séjournent.

S'infiltrant, en vertu des lois de la pesanteur, à travers les terres, elles rencontrent presque partout à une petite profondeur des couches imperméables qui les obligent à revenir à la surface du sol, pour y chercher une issue ; c'est là qu'au contact des détritus des matières animales et végétales dont sont formés les lits sur lesquels leur écoulement s'opère, elles s'imprègnent de propriétés malfaisantes avec une rapidité d'autant plus grande que le travail de désoxigénation, qui a lieu sans discontinuité, les privant de leurs parties les plus saines, elles ne manquent pas d'entrer en fermentation, de se décomposer et de devenir ainsi impropres aux usages domestiques.

Les notions préliminaires indispensables à l'intelligence de ce qui va suivre, étant maintenant exposées, à laquelle de ces trois espèces faut-il assimiler l'eau du puits des bâtiments militaires?

Evidemment, on ne serait pas reçu à prétendre que cette eau provienne des prés-marais qui sont situés dans le voisinage de Gap, mais doit-on la considérer comme étant une eau de puits stagnante? Quelques mots seulement sur cette question.

On sait que dans le bassin de Gap, et même dans les années les plus pluvieuses, il ne tombe annuellement que 488 millimètres (18 pouces) d'eau et qu'en général les pluies y sont excessivement rares pendant les cinq mois de la belle saison.

Il est essentiel, aussi, de faire observer que le terrain de la cour, au milieu de laquelle se trouve le puits objet de cette discussion, est à l'état de tassement parfait; que ce terrain présente, à l'est, une forte inclinaison du côté de la voie publique et que le puits dont il s'agit, est en outre protégé par un contre-mur qui le met à l'abri de toute espèce d'infiltration.

Voici les conséquences qui résultent de cet état de choses.

Attendu la petite quantité d'eau qui tombe annuellement à Gap, l'eau de pluie recueillie dans l'arrière-cour des casernes, notoirement n'aurait jamais suffi à la consommation journalière du nombreux personnel logé dans ces bâtiments, quand bien même elle serait parvenue au fonds du puits jusqu'à la dernière goutte; mais il n'en a jamais été ainsi, car cette eau ne pouvant se perdre sur place par voie d'infiltration à cause de la difficulté qu'elle éprouve à percer la croûte du sol, entraînée par la rapidité de la pente, s'échappe constamment au dehors en prenant sa direction du côté de la Loye ou en allant s'enfouir dans les égoûts publics.

Si donc il n'y avait eu que des infiltrations pour alimenter la pompe destinée au service de la garnison, le soldat aurait eu nécessairement à souffrir de la privation d'eau qui en serait résultée; car, dans la saison des pluies, on n'en aurait obtenu qu'une quantité insuffisante, et en été, on en aurait manqué complètement.

Or, il est constant que depuis l'année 1775, époque à laquelle a été construit l'édifice qui sert aujourd'hui de caserne, il n'a jamais été fait usage d'une autre eau que celle du puits dont il est question, et que ce puits, loin d'avoir jamais tari, a toujours, au contraire, largement suffi à tous les besoins.

D'un autre côté, d'après MM. Thénard et Arago, une eau stagnante et qui, dans certaines saisons, resterait immobile seulement pendant quelquesjours, serait bientôt devenue fade, mauvaise à boire et même fétide (1).

C'est un point, cependant, sur lequel tout le monde demeure d'accord que l'eau du puits des bâtiments militaires est parfaitement limpide, incolore, inodore et sans rien enfin qui produise la moindre sensation désagréable à la dégustation.

---

(1) Thénard, *Traité de chimie théorique et pratique*, tom. 1er, pag. 213. —Arago, Rapport lu à la séance de l'Académie des sciences, du 9 août 1837.

De l'ensemble de ces faits que conclure, si non que cette eau n'est point une eau stagnante, mais bien une véritable eau courante appartenant à la nappe souterraine qui règne au-dessous du bassin de Gap et qui est le réservoir commun où s'alimentent les puits de la ville.

S'il en est ainsi, au nombre des substances qu'elle tient en suspension et qui sont étrangères à sa constitution atomique, il n'y en a donc aucune que l'on doive considérer comme pouvant être nuisible à la santé.

Pour justifier plus amplement et d'une manière plus directe cette proposition dont la vérité ressort déjà rigoureusement, pourrait-on dire, de l'exposé qui précède, l'examen de l'eau de la pompe des casernes devenait indispensable. Le soin d'en faire une analyse comparative a été confié à un habile expérimentateur, à M. Faure, pharmacien à Gap.

Du travail de ce chimiste dont les résultats sont indiqués parmi les notes et les éclaircissements insérés à la fin de ce mémoire, il résulte que l'eau analysée ne contient aucune trace d'ammoniaque, ni azotate, ni aucun de ces gaz qui d'ordinaire sont le produit d'une fermentation putride; que le carbonate et le sulfate de chaux s'y trouvent dans des proportions relativement assez considérables, mais qu'elle ne contient qu'en infiniment petite quantité du sulfate de magnésie et que l'air atmosphérique, ainsi que l'acide carbonique, ne s'y rencontre que dans des proportions convenables.

Or, quand tels sont les composants d'une eau quelconque, peut-on accuser cette eau de n'être pas potable?

L'extrait que nous allons citer du rapport de la commission scientifique instituée à Lyon, en 1841, par M. le Préfet du Rhône, pour étudier la composition et les propriétés de l'eau des sources de Roye, Rouzier, Fontaine et Neuville, mettra le lecteur à même de se prononcer avec connaissance de cause sur cette question (1). Pour qu'une eau, lit-on dans ce rapport, soit considérée comme très-bonne à boire, il est à désirer, comme l'ont prouvé les travaux de M. le docteur Dupasquier et de M. Chossat, qu'elle tienne en solution des sels de chaux.

Le carbonate de chaux, alors, sert non-seulement en dégageant dans l'estomac une plus grande quantité d'acide carbonique qui stimule les fonctions digestives, mais encore en fournissant une partie de l'élément calcaire qui entre dans la composition de nos tissus et principalement dans le système osseux. C'est ce qui résulte évidemment des expériences de M. Chossat qui prouvent que les os se ramollissent chez les personnes qui ne

---

(1) Cette Commission était composée de MM. Viricel, président; Polinière, président de la société de médecine; Rougier, secrétaire; de la Prade; Lusterbourg; Chapeau; Bonnet; Davallon, Brachet, rapporteur; etc. etc.

prennent pas avec leur nourriture une assez forte dose de substances à base de chaux.

M. le docteur Dupasquier a fait, à ce sujet, une remarque d'une très-grande importance qu'il a généralisée. Jusqu'à ce jour, au dire de ce savant médecin, on avait regardé comme mauvaises les eaux qui contiennent des sels calcaires et comme bonnes celles qui n'en ont pas; mais c'est à tort, car c'est à l'absence de ce principe dans les eaux provenant de la fonte des neiges qu'il faut attribuer le nombre considérable de crétins, de rachitiques et de scrofuleux qu'on rencontre dans certaines contrées. C'est donc une erreur de croire que l'eau la plus pure, c'est-à-dire la moins chargée de sels soit la meilleure; car, à ce compte, l'eau distillée et l'eau de neige seraient les plus potables et cependant, elles sont essentiellement pernicieuses à la santé des personnes qui en font usage (1).

L'honorable M. Terme, ancien maire de Lyon et président de l'académie des sciences de cette ville, partage entièrement la manière de voir de ses collègues à cet égard et l'a défendue avec beaucoup de force dans l'écrit

---

(1) Rapport présenté au Conseil municipal de Lyon, en 1844, par M. Terme, maire de cette ville, sur la question d'une distribution d'eau à y établir, page 124 et 125.

qu'il a publié sur les eaux destinées aux service publics (1).

A Edimbourg, lorsqu'en 1819 on voulut amener dans la nouvelle ville les eaux de la source de Crawley Springs, on les soumit, bien entendu, à une analyse préalable. Le docteur Hope, la première notabilité scientifique de l'Écosse, fut chargé du soin d'y procéder. Il constata que cette eau contient en solution une quantité notable de carbonate de chaux, de muriate de soude, de sulfate de chaux et de sulfate de magnésie. Ce qui n'empêcha pas ce savant de déclarer que *toutes ces substances étant en elles-mêmes innocentes pour le corps humain*, l'eau qui les récélait n'en devait pas moins être considérée comme très-saine et comme propre à tous les usages domestiques (2).

A Milan, où il n'existe qu'une seule fontaine, celle de la place Fontana, qui encore ne sert qu'à laver le jardinage et à abreuver les bestiaux, le puits situé hors de la porte de Côme, à l'endroit appelé *Mezza lingua*, sur le point le plus rapproché des Alpes suisses, passe pour donner l'eau la plus saine, la plus fraiche et la plus limpide, et cependant d'après MM. de Kramer, Ferrario

---

(1) Des eaux potables à distribuer pour l'usage des particuliers et pour les services publics, p. 127.

(2) Rapport sur l'état du service hydraulique à Edimbourg, adressé au ministère des affaires étrangères, le 26 novembre 1841, par M. Duriez, chancelier du consulat de France en Ecosse.

et Fantonetti, membres de l'Institut impérial des sciences, des lettres et des arts de Lombardie, cette eau renferme du sulfate de chaux et de magnésie, des oxydes de fer et de manganèse et même quelques traces de matière extractive organique (1).

A Lyon, l'eau de la pompe du Grand-Camp, traitée par différents réactifs, révèle la présence d'une grande quantité de sulfate de chaux; on en trouve un peu moins dans celle des bains Tonnelier. Les eaux de la pompe de la place St. Clair, de la terrasse Tholozan, ainsi que de celle qui est située au centre du fort Lafayette, en présentent en quantité assez considérable pour qu'il ne leur soit pas permis de dissoudre le savon (2); malgré l'inconvénient résultant de la présence de ce sel dans les eaux dont nous parlons, la commission scientifique Lyonnaise n'a pas hésité à les reconnaître potables, à en juger par l'extrait suivant du rapport qu'elle a adressé en 1841 à l'administration municipale: « Les Lyonnais ont dans « leurs puits une eau potable qui ne leur coûte que la « peine de la prendre; cette eau est presque toujours « fraîche et limpide; ils ne faut donc pas espérer qu'ils « aillent l'abandonner pour en prendre ailleurs une qui

(1) Renseignements transmis au consulat général de France, à Milan, le 17 octobre 1843, par une commission de l'Institut de Lombardie.

(2) Rapport de la commission de médecine de Lyon, p. 76, de l'ouvrage de M. Terme, déjà cité.

« serait chaude, trouble et sous beaucoup d'autres rap-
« ports, de qualité très-inférieure. »

Enfin, à Paris, les eaux d'Arcueil et de tous les puits situés intra ou extra-muros, tels que ceux d'Alfort, de Bicêtre et de Vincennes, contiennent dans des proportions plus ou moins fortes, du carbonate et du sulfate de chaux.

A-t-on jamais regardé, pourtant, ces eaux comme n'étant pas potables et comme insalubres? Loin de partager cette opinon, le conseil de salubrité de la Seine consulté, il y a quelques années, sur une détérioration des eaux occasionnée par la voirie de Bondy, a formellement émis un avis contraire, dans les termes que nous allons citer textuellement.

« Ce n'est que depuis la multiplication des puisards,
« surtout depuis l'introduction des fosses d'aisance dans
« les maisons, c'est-à-dire depuis le règne de François
« Ier qu'à Paris les eaux se sont détériorées et qu'il a
« fallu recourir pour la boisson à celles de la Seine.

« Dans les temps anciens, les eaux de la nappe qui
« alimente les puits de la capitale, malgré qu'elles
« contiennent des sels à base de chaux, jouissaient de
« qualités excellentes et servaient de boisson aux habi-
« tants des bourgs et des maisons disséminées qui plus
« tard ont été renfermés dans l'enceinte de Paris.

« Mais lorsque la ville commença à posséder dans
« ses murs ou à une faible distance de grandes voiries

« à boues, les liquides provenant de la décomposition
« de ces boues s'infiltrèrent dans les terres, pénétrèrent
« jusqu'à la nappe des puits circonvoisins et procurèrent
« à leurs eaux une odeur et une saveur détestables. »

De tous ces renseignements et de tous ces faits, rapportés sur la foi des autorités les plus graves, il résulte évidemment que quand une eau de puits, comme celle de la caserne, par exemple, ne contient en solution que du sulfate et du carbonate de chaux sans aucune trace de matières putréfiables, il faut, bon gré mal gré, admettre qu'une pareille eau n'est ni impotable ni insalubre.

Comment, dès lors, des rapports de causalité pourraient-ils exister entre les propriétés qui caractérisent cette eau et les affections de nature scorbutique? Il n'y en a aucun. Car si l'eau du puits des casernes, à raison des substances qu'elle renferme, avait la puissance de faire naître et de développer le scorbut; comme, d'après les lois qui régissent le monde physique, l'identité dans les causes entraine nécessairement l'identité dans les effets, la même maladie doit ou a dû sévir dans les grandes cités que nous avons passées en revue, par la raison que les eaux qui y servent de boisson y sont, à quelques différences près les mêmes, chimiquement parlant, que celles du puits des casernes de la ville de Gap, et parce qu'en outre les populations qui y sont agglomérées s'y trouvent placées dans des conditions hygiéniques et pathologiques qui sont loin d'être aussi favorables que celles où nous voyons le soldat dans le chef-lieu du département des Hautes-Alpes.

Mais, à Edimbourg, la statistique médicale, pour les 50 dernières années, ne donne que quelques cas de scorbut sporadique. Jamais, on ne l'y a vu s'y propager épidémiquement. A Paris, où l'eau de la Seine distribuée à domicile par des tuyaux n'est pas préalablement filtrée, où celle élevée par la pompe à feu de Chaillot est introduite dans des conduits, après n'avoir séjourné que vingt-quatre ou quarante-huit heures dans un bassin, dans lequel elle ne se sépare qu'imparfaitement, par le dépôt, des matières les plus lourdes; où, enfin, l'eau fournie par la pompe à feu du Gros-Caillou est distribuée, en tous temps, et immédiatement, telle qu'elle sort de la rivière, c'est-à-dire non limpide et contenant une très grande quantité de matières étrangères en suspension (1), s'il est arrivé à quelques médecins de voir dans les eaux dont on y fait usage la cause des affections scrofuleuses, aucun d'eux n'a été conduit par l'observation à y découvrir celle des affections dites de nature scorbutique.

(1) Lettre de M. de Rambuteau, ancien préfet de la Seine, à M. le Maire de Lyon, du 14 août 1843.

A Lyon, en ce qui regarde l'influence des eaux potables sur la santé publique, mêmes résultats à constater.

Néanmoins, dans une lettre à M. le Maire de Lyon, en date du 22 avril 1843, sur l'insalubrité de plusieurs fontaines alimentées par un bassin où l'eau séjourne à découvert, M. le docteur Dupasquier fait remarquer que dans cette ville, depuis l'inondation de 1840, quelques puits ne donnent qu'une eau insalubre et que cette insalubrité, au dire d'un grand nombre de médecins, a été la principale cause des maladies typhoïdes qui, dans certains quartiers, ont été si fréquentes depuis cette époque. A quelle influence attribuer l'infection de ces eaux? Le savant médecin de l'Hôtel-Dieu le déclare positivement, c'est aux matières putrides dont elles sont chargées et nullement à la présence des sels de chaux dont les proportions auraient varié ou qui s'y trouveraient renfermés en quantité beaucoup plus considérable.

A Milan, les affections scorbutiques épidémiques sont inconnues. Telle est, du moins, l'opinion émise par M. le docteur Joseph Ferrari, dans la statistique médicale de cette cité, depuis le 15me siècle jusqu'à nos jours, et cet écrivain fait autorité.

En remontant jusqu'au commencement du 19me siècle, peu-être l'unique ville où la mauvaise qualité des eaux ait occasioné le scorbut, est Alexandrie en Egypte, durant les derniers temps de notre occupation.

La maladie commença à y sévir dès les premiers jours de thermidor an 9 (juillet 1801) et dura deux mois, c'est-à-dire jusqu'au 18 vendémiaire suivant (20 octobre), jour de l'embarquement de l'armée expéditionnaire.

3,500 hommes de la division qui défendait cette place, atteints par l'épidémie passèrent dans les hôpitaux; sur ce nombre, 272 périrent, 2,000 guérirent et rejoignirent leurs bataillons; les malades qui restaient, au nombre de 700, prirent passage sur la flotte anglaise et regagnèrent la France. On en perdit que 7 ou 8 pendant la traversée.

D'après le baron Larrey, la cause principale de cette maladie qui décima la population indigène plus cruellement encore que nos soldats, fut l'usage que l'on fût forcé d'y faire de l'eau des citernes, qui était viciée soit par l'infiltration des eaux de la mer parvenue à la hauteur de ces citernes, soit par l'état de putréfaction occasionnée par la quantité de vase qui existait au fond de ces mêmes citernes qu'on n'avait point curées depuis longtemps.

Mais il y eut encore concomitance de plusieurs autres causes majeures.

La principale fut l'humidité à laquelle nos troupes se trouvèrent constamment exposées depuis le débordement et le passage des eaux du lac Ma'dyeh dans le lac Maréotis. Cette humidité donna naissance à des gaz méphytiques provenant de la décomposition des substances végétales qui étaient à l'état de putréfaction dans les deux lacs et ces gaz portèrent, au loin, l'infection dans les airs.

A ces causes, si l'on ajoute que la division assiégée fut privée de légumes aqueux et de viande fraiche; qu'elle fut contrainte de ne manger que du poisson salé et du pain fait en partie avec de la farine de riz, de sa nature indigeste et saturé de sel, et que ce régime dura pendant deux mois (1), on ne doit pas être surpris qu'au milieu de circonstances aussi favorables à son développement l'épidémie ait éclaté dans cette ville, avec tant de violence et y ait fait tant de victimes, de même qu'il y aurait lieu d'être étonné si, à Gap, en l'absence des mêmes circonstances et dans des conditions hygiéniques absolument opposées, seulement un cas de cette terrible maladie avait été constaté.

Mais reprenons le fil de notre raisonnement.

A Milan, Edimbourg, Lyon et Paris, on vient de le prouver, les sels de chaux, dans les eaux dites potables, ont toujours été sans efficacité, pour y faire naître le scorbut; partant, à Gap, ces sels étant les seules substances étrangères contenues dans les eaux du puits des casernes, ces mêmes eaux, d'ailleurs, n'étant pas viciées,

(1) Grand ouvrage de l'Institut d'Egypte, publié par ordre de l'empereur, *Etat moderne*, tome 1er, pag. 506 et 507

comme le furent celles des citernes d'Alexandrie et de quelques puits de Lyon, par leur mélange avec d'autres liquides infectés, il est clair qu'elles n'ont jamais pu y devenir la cause déterminante d'une affection scorbutique épidémique, c'est incontestable. Nous allons l'établir encore, et par une autre voie, de la manière la plus péremptoire. Seulement, avant de le faire, nous tenons à constater certains faits qu'il importe de ne point passer sous silence dans l'intérêt de la thèse que nous soutenons.

A Gap, avons-nous dit, c'est un réservoir commun qui fournit l'eau à tous les puits.

Dans tous, l'eau est donc la même, tant sous le rapport de la composition que sous celui des propriétés. Cependant les analyses qui en ont été faites et même le simple examen prouvent que l'eau du puits du grand séminaire jouit, à un très-haut degré, de la faculté incrustante; d'où se déduit la conséquence qu'elle est très chargée de substances calcaires.

La pompe de la rue du Mazel donne quelques traces de matières ammoniacales. Il en est de même de celle de la place Grenette dont les eaux sont les moins bonnes de toutes. Quant au puits de l'école normale qui n'est séparé de celui des casernes que par la largeur de la grande route, il y a identité parfaite dans la composition des eaux de l'un et de l'autre établissement.

Ces points admis, nous disons donc que si l'épidémie scorbutique a été réellement déterminée par l'usage que l'on a fait de l'eau du puits des bâtiments militaires, l'usage, dans les autres quartiers de la ville, d'une eau semblable ou moins salubre, a dû y produire des effets analogues et y développer le germe de la même maladie.

Or, voyons si effectivement il en a été ainsi.

Pour arriver, sur ce point si essentiel, à la découverte de toute la vérité et rien que de la vérité, nous avons fait les recherches les plus minutieuses, nous avons eu recours à un grand nombre de documents écrits, recueilli une foule de renseignements verbaux, nous nous sommes enquis du contenu des registres de l'hospice civil où sont admis les soldats malades, du nombre des décès qui y ont été annuellement constatés et des causes qui les ont occasionnés; nous avons aussi voulu connaître pour un laps de temps assez long quelles espèces de maladies ont été traitées à domicile; nous nous sommes fait également un devoir de consulter tous les honorables membres du corps médical de Gap; en ce qui personnellement les concerne, MM. les docteurs Eugène Blanc, Bertrand, Manuel, Michel, OEuf et Roubaud (1) déclarent à l'unanimité et affirment sans restriction aucune, que jamais le scorbut caractérisé

(1) Voir aux notes celle qui est relative à l'opinion émise par M. le docteur Roubaud sur le scorbut.

par l'ensemble des symptômes que nous avons décrits n'a été par eux observé dans les casernes, à l'école normale, dans les prisons, à l'hôpital, au grand séminaire, non plus que dans les maisons particulières des divers quartiers de la ville; les autres renseignements puisés, ainsi qu'on l'a vu, aux meilleures sources, viennent, en outre, pleinement confirmer le témoignage de nos médecins, lequel, par lui-même, pèse déjà d'un si grand poids dans la balance, et justifier ainsi l'exactitude de tout ce que nous avons avancé, dans le cours de cette discussion, au sujet de cette épidémie, à l'existence de laquelle aucun homme éclairé et sans idée préconçue ne croira désormais, à moins qu'il ne veuille se mettre en contradiction formelle avec la réalité des faits, l'évidence du raisonnement et les données les plus certaines et les plus positives de la science.

En l'état, ces deux points restent donc définitivement fixés : il n'y a pas eu de scorbut à Gap et l'eau du puits des casernes est sans efficacité pour le faire naître. Comment, alors, expliquer que la croyance à l'existence de cette terrible maladie soit aujourd'hui si généralement répandue et que ce préjugé ait grandi sous le patronage et, en quelque sorte, avec la sanction de l'autorité? On en conviendra, la question est digne d'être examinée.

Si, à Gap, le soldat n'a point à redouter les effets de

la contagion scorbutique, on ne peut nier cependant qu'il ne s'y trouve exposé, chaque année, à une autre affection qui s'y déclare dans toutes les saisons, mais de préférence en hiver et au commencement du printemps.

Dans cette affection, qui n'entraîne jamais après elle de conséquences graves et qui se montre rarement rebelle aux secours thérapeutiques, les parties attaquées sont les tissus organiques dont est formée la cavité buccale et particulièrement la membrane muqueuse qui la tapisse intérieurement; ces parties deviennent molles, spongieuses et d'un rouge livide; elles acquièrent une sensibilité extrême et fournissent une exhalation sanieuse, sanguinolente et très-souvent fétide.

Les personnes atteintes de cette phlogose éprouvent un sentiment d'ardeur très-pénible aux gencives et au palais; les élancements qu'elles y ressentent sont parfois insupportables; le moindre contact de ces parties avec un caustique ou un corps chaud occasionne les plus vives douleurs; les dents sont ébranlées; le malade ne peut prendre aucune nourriture solide; mais l'appétit reste bon et le corps n'éprouve aucun mouvement fébrile, les forces se conservent dans leur plénitude et l'affection reste absolument circonscrite à la cavité buccale sans qu'aucun autre symptôme morbide, soit à l'intérieur, soit à l'extérieur, apparaisse dans tout le reste de l'économie.

Telle est la maladie que quelques médecins militaires, et d'après eux, la commission municipale gapençaise, ont cru devoir appeler scorbut de Briançon, affection de nature scorbutique, ou simplement scorbut; mais peut-on voir effectivement le scorbut dans cette simple affection de la bouche? La question a été résolue déjà depuis bien longtemps par les sommités mêmes de la science à l'occasion de l'épidémie qui se déclara, en l'an 2 et en l'an 3, à l'armée des Alpes.

Laissons, à ce sujet, parler Fodéré :

« Quelques médecins regardent l'affection de la bou-
« che comme purement catarrhale et d'autres comme
« scorbutique : pendant les deux années que j'ai traité
« cette maladie, à Entrevaux, Marseille et Embrun, à
« peine est-il mort huit personnes et à peine en ai-je
« trouvé vingt ayant tous les symptômes du scorbut.
« Cependant une bonne partie de l'armée des Alpes a été
« attaquée de l'affection des gencives; le soldat n'en a
« pas moins continué à faire avec la même promptitude
« et la même vigueur les exercices pénibles que nécessite
« la guerre dans les Alpes; la plupart d'entr'eux ne
« venaient même à l'hôpital qu'après quatre mois de
« maladie ; je les ai toujours consultés, lorsqu'ils y en-
« traient, sur l'état de leurs jambes et de leurs forces;
« leur réponse a toujours été qu'à part la bouche ils se
« portaient bien, qu'ils étaient vigoureux et qu'ils

« avaient bon appétit ; je les ai trouvés gais ; je n'ai dé-
« couvert aucune tache sur leur corps ; enfin, si l'on
« fait abstraction de l'affection des gencives, ces mala-
« des n'avaient aucun des symptômes du scorbut (1). »

Fodéré, ensuite, a bien soin de faire remarquer que les ulcères scorbutiques dont Lind fait la description, page 204 de son traité du scorbut, sont d'un caractère infiniment plus malin que ceux dont il s'agit ici et qu'il faut bien se garder de les confondre.

Cette différence n'avait pas échappé, du reste, à la sagacité de Saviard qui, lui aussi, distingue très-bien la simple affection de la bouche d'avec le scorbut général (2).

De son côté, Desgenette, obligé de prendre parti dans la discussion qui s'était élevée parmi les médecins de l'armée des Alpes, eût bientôt fait connaître ce qu'il pensait de la nature de cette affection dans un mémoire officiel dont un fragment a été inséré dans le recueil périodique de la société de médecine de Paris, après avoir été lu en séance publique et avoir obtenu tous les suffrages.

On lit dans ce mémoire : « Les circonstances ont sin-

(1) Mémoire de Fodéré, déjà cité, page 33 et suiv.

(2) Saviard, *Recueil d'opérations chirurgicales*, chap. 126, 1, page 143 et suivantes.

« gulièrement influé sur les maladies du printemps de
« 1793, qui a été en quelque sorte la continuation de
« l'hiver : de ce nombre est la maladie catarrhale ; cette
« maladie s'est présentée sous différentes formes ; chez
« les militaires les plus robustes, elle se prononçait
« comme un simple catarrhe, avec plus ou moins de
« fièvre ; chez d'autres, l'affection se portait sur les
« membranes qui tapissent la bouche, l'arrière-bouche
« et les narines ; l'humeur se déposait presque exclusi-
« vement sur les gencives qui s'enflaient, s'ulcèraient et
« donnaient une suppuration ichoreuse et toujours très-
« fétide. La partie des dents ordinairement recouverte
« par les gencives, les alvéoles même, étaient en partie
« dénudés. Les malades réduits à cet état, qui durait
« plusieurs semaines, arrivaient des avant-postes dans les
« hôpitaux, sous la dénomination impropre de scorbu-
« tiques.

« Cette erreur s'accrédita suffisamment pour exciter
« la sollicitude du gouvernement, qui demanda des
« renseignements précis sur cet objet ; *mais il fut*
« *reconnu et prouvé jusqu'à l'évidence que l'on n'avait*
« *jamais observé chez les malades dont il est question*
« *aucun des symptômes qui se développent successive-*
« *ment et régulièrement dans le scorbut. Lorsqu'on*
« *essaya le traitement employé dans cette dernière*
« *maladie (car il ne faut pas dissimuler qu'il le fût)*,

« *il occasionna dans les parties décrites une inflam-*
« *mation qui en fit bientôt sentir le danger* (1).

Cette affection des gencives, que les médecins de la fin du 18e siècle classaient parmi les affections catarrhales et qu'ils distinguaient avec soin des maladies inflammatoires, n'est plus considérée par les nosographes de nos jours que comme le résultat d'un travail phlegmasique de la membrane muqueuse de la bouche, auquel ils donnent indifféremment le nom de stomatite ou de gengivite.

Dans son *Précis de nosologie et de thérapeutique*, Barbier, tout en admettant que la stomatite est assez rare, bien qu'en 1817 et en 1818 il l'ait vue très-répandue parmi les militaires de la garnison d'Amiens, reconnait également qu'il existe une différence tranchée entre cette affection et les affections de nature scorbutique, parce que dans celles-ci il n'y a pas toujours phlogose de la cavité buccale (2).

Enfin, les docteurs Blanc et Michel, qui ont été chargés l'un et l'autre, pendant assez longtemps du service de santé de la place de Gap, ont toujours vu dans l'affection des gencives, observée chaque année dans nos casernes, une stomatite pour le traitement de laquelle

---

(1) *Recueil de la société de médecine de Paris*, tome 2, pag. 250 et 251.

(2) Barbier, tome 2, page 625

ils n'ont jamais eu recours à d'autres indications qu'à celles que suivent les plus habiles praticiens, quand ils ont à combattre cette même maladie.

Mais, nous objecte-t-on, qu'importe, après tout, que l'affection qui se manifeste épidémiquement dans les casernes soit le scorbut ou la stomatite : du moment qu'il est constant qu'une épidémie existe, il importe de la faire disparaître, et l'un des moyens d'arriver à ce résultat est, sans contredit, l'usage de l'eau d'une fontaine fluente substitué à celui d'une eau de puits.

Pour bien juger de la portée de cette objection, il faut être fixé d'abord sur les causes qui, d'ordinaire, produisent la stomatite.

Or, Desgenette l'attribue à la transition subite du froid au chaud, et assez souvent à l'usage de l'eau de neige fondue pour boisson (1).

En l'an 2, Fodéré étant à Entrevaux eut néanmoins l'occasion d'observer l'action de l'humidité de l'air sur le corps humain, comme cause de cette affection. La garnison de Guillaume, éloignée de six lieues de cette dernière place, était atteinte de la gengivite. Notre médecin s'y transporta, trouva les soldats logés dans les décombres d'un vieux château et au rez-de-chaussée des

(1) *Recueil périodique de la société de médecine de Paris*, tome 2, pag. 250 et 251.

maisons ruinées de ce bourg; il engagea leurs chefs à leur procurer de meilleurs gîtes; « les plus malades entrèrent « à l'hôpital et les autres, ayant quitté leur demeure, « furent promptement rétablis, rien qu'en se gargarisant « avec du vinaigre » (1).

Cependant, il est reconnu que les habitations sèches et élevées ne mettent pas toujours à l'abri de cette maladie (2), dont la véritable cause, d'après Fodéré, est surtout le froid, comme il a pu s'en assurer lui-même en l'an 2 et en l'an 3, par des observations faites dans notre département

« L'armée des Alpes faisait la guerre dans des régions « froides, sur des pics élevés, au pied des glaces de la « chaîne des grandes Alpes, était mal vêtue et ne buvait « que de l'eau de neige; c'est à ces causes puissantes de « la suppression de la transpiration qu'il faut attribuer « l'épidémie qui s'y déclara d'une manière générale et « qui n'épargna presque personne.

« Les bataillons les plus exposés au froid furent ceux « qui furent les plus maltraités ; dans ce cas se trouvè- « rent le 1er bataillon de la Drôme, au col de l'Assiette « et des Quatre-Dents; le 5me de l'Isère, campé sur les « mêmes points avec le 79me; le 3me du Jura, au col

(1) *Mémoire sur l'affection des gencives endimique*, dans l'armée des Alpes, page 33.

(2) Barbier, *Précis de Nosologie*, *etc.* t. 2, p. 625, 626 et 627.

« de Sestrières, et le 1er bataillon de chasseurs des Hau-
« tes-Alpes, au col Lacroix (1).

Dans le bassin de Gap, bien que le climat soit de beaucoup moins âpre que celui des lieux dont nous venons de parler, les habitants ne laissent pas que d'y être sujets à des maladies occasionnées par les intempéries des saisons et la rigueur des hivers. Les fluxions de poitrine, les pleurésies y sont très communes; le grand froid, en arrêtant la circulation du sang et des humeurs, frappe subitement de mort les vieillards et produit les affections catarrhales et la gengivite (2).

En second lieu, les causes déterminantes de la phlegmasie, dont sont périodiquement atteints les militaires de la garnison de Gap, se rapportent indubitablement à ces causes générales.

C'est ainsi que le docteur Blanc a constaté que dans le 51me de ligne et le 3me d'infanterie légère, l'épidémie s'était déclarée toutes les fois qu'on avait astreint le soldat à faire l'exercice au milieu des neiges à moitié fondues, parcequ'alors il y avait eu supression de la transpiration, et d'après le docteur Michel, l'action de l'air froid qui saisit les hommes lorsqu'ils sortent de leurs chambres chaudes pour passer dans de longs couloirs où le vent glacé du nord pénètre en soufflant parfois

(1) Mémoire de Fodéré, déjà cité, p. 36 et suiv.

(2) Farnaud, *Annuaire des Hautes-Alpes*, pour l'an 12, p. 77.

avec une grande violence, est éminemment propre à produire instantanément les mêmes effets.

Quoiqu'il en soit, toujours voit-on évidemment que si, dans la fabuleuse maladie du scorbut, l'eau du puits des casernes n'a joué qu'un rôle purement imaginaire, pareillement l'usage de cette même eau a été absolument sans aucune espèce d'influence sur l'apparition et le développement de l'affection des gencives désignée sous le nom de stomatite.

Les causes de cette dernière maladie étant maintenant parfaitement connues, nous n'avons plus qu'à examiner si l'on peut espérer de les faire disparaître ou d'en neutraliser les effets par l'emploi de l'eau fluente venant de la propriété de M. Pascal.

Les prairies dépendantes de cette propriété sont de véritables prés-marais ; ce fait est attesté par la notoriété publique; c'est comme fonds de cette classe qu'elles sont imposées aux rôles de la contribution foncière; la disposition du terrain et les espèces particulières de plantes qui y croissent confirment pleinement d'ailleurs la vérité de notre assertion.

Au moyen de tranchées pratiquées dans la partie basse de ces prairies, M. Pascal recueille dans un réservoir toutes les eaux qui découlent de la partie supérieure de son domaine et même des domaines voisins situés plus haut. En effet, quand il arrive à M. le marquis d'Hugues de mettre ses prés à l'arrosage, le niveau des eaux, dans ce réservoir, monte subitement, tandis qu'il baisse au contraire, à vue d'œil, si les eaux ayant cette destination viennent à être retirées. Tous ces prés sont, en outre, fumés, et c'est après avoir passé sur ces engrais, dans une étendue, en longueur et en largeur, de plusieurs hectares, que l'eau de M. Pascal est introduite dans les aquéducs qui l'amènent aux casernes. En vérité, de tels faits n'ont pas besoin de commentaire; nous le proclamons donc hautement, en dehors de toute mesquine préoccupation, de tout esprit de parti, et dans le seul intérêt de la salubrité publique; oui, ces eaux étant des eaux de pré-marais sont essentiellement insalubres; c'est le corollaire des principes que nous avons ci-devant exposés. Par aucune raison donc on n'en justifierait l'usage, en tant qu'elles seraient employées comme boisson : nous pourrions citer maints faits à l'appui de notre manière de voir. Nous nous bornerons à en faire connaître quelques-uns.

Il y a environ quarante ans qu'à Saint-Étienne, on établit un service fondé sur une fourniture d'eau filtrée du Furens, près des bords de cette rivière, dans la plaine de Champagne; cette eau était naturellement bonne, mais, comme le sol sur lequel se trouvait la galerie perméable n'appartenait pas à la commune et qu'il était cultivé généralement en prairies sur lesquelles, de temps en temps, on répandait de l'engrais, les eaux de pluie, en traversant les couches de terre végétale, entraînèrent dans la galerie des substances qui y altérèrent la pureté de l'eau (1) ; les médecins de la localité défendirent qu'on en fit usage. Pour qu'elle raison? parce qu'ils la regardèrent comme la cause des maladies épidémiques qui régnèrent dans cette ville à cette époquè. L'opinion publique s'émut et l'autorité fut bientôt mise en demeure d'aviser aux moyens de procu er à la population une eau salubre et potable.

En 1830, au Puy, dans la Haute-Loire, l'eau de la fontaine jaillissante du Plot traversait, sur une longueur de 200 mètres, au moyen d'un aquéduc en briques mal cimentées, la prairie de M. Lobeyrac dont elle recevait partiellement les infiltrations. Cette eau était excellente à sa source; mais ces infiltrations partielles suffirent pour en vicier la qualité. Soumise à l'analyse, elle donna des résidus qui prouvèrent qu'elle contenait des substances organiques en quantité notable; la considérant, dès-lors, comme malsaine, les habitants de la place du Plot et des rues adjacentes cessèrent d'en faire usage, et donnèrent la préférence à l'eau des citernes de leur quartier (2).

On sait qu'à Lyon une partie de l'eau extraite du courant du Rhône par la machine hydraulique du quai St-

---

(1) Docteur Terme, mémoire cité, page 127.

(2) *Annales de la société d'agriculture, sciences et arts du Puy*, pour 1830 et 1831, pages 131 et 165.

Clair est portée au jardin du bassin des Plantes, pour aller de là alimenter treize fontaines publiques.

Le dépôt des matières de toutes sortes que ces eaux accumulent incessamment au fond de ce bassin, exige que l'on y procède à de fréquentes opérations de nettoiement. Un de ces curages eut lieu à la fin de l'automne de 1841; la même opération fut renouvelée au mois d'août 1842. A peine huit mois s'étaient-ils écoulés que des plaintes fort vives, sur la qualité des eaux fournies par ce bassin, attirèrent l'attention de l'autorité municipale. Cette autorité s'empressa aussitôt de faire appel aux lumières spéciales du professeur de chimie de l'école de médecine, M. le docteur Dupasquier.

Dans un rapport, en date du 21 avril 1843, ce médecin reconnaît que l'altération des eaux qui avait été signalée était bien réelle et que leur infection était rendue manifeste par une certaine saveur marécageuse qui leur était propre, bien que les recherches chimiques n'indiquassent aucun changement sensible dans leur composition.

Les causes de cette altération, d'après M. Dupasquier, résidaient essentiellement dans le bassin du jardin des plantes. Selon lui, ce bassin est un réceptacle où vient se déposer le limon que ces eaux entraînent avec elles; à ce limon viennent se joindre la poussière, les feuilles et les débris de toute espèce qu'y apportent les vents. Si l'on ajoute à cela que des myriades d'insectes et des infusoires sans nombre y laissent leurs dépouilles; que des conferves et autres végétaux aquatiques en tapissent les parois, et que leurs débris s'y accumulent et s'y décomposent avec ceux des autres matières organiques, on ne pourra moins faire que d'assimiler ce bassin à une sorte de marécage et son eau à une véritable eau marécageuse (à une véritable eau de pré-marais).

C'est donc bien dans ce bassin que cette eau s'altère et devient insalubre, et quand je dis insalubre, ajoute ce savant professeur en terminant son rapport, je n'ai pas besoin de justifier cette expression; car personne n'ignore que l'usage d'une eau semblable est dangereux pour la santé. La boisson des eaux ainsi infectées ne produit pas, il est vrai, des maladies immédiates, mais elle amène peu à peu un trouble des fonctions digestives, l'altération lente du sang et de tout l'organisme et, fatalement, ces affections dites putrides, ces fièvres graves que la médecine peut combattre, mais qu'elle n'est que trop souvent impuissante à guérir.

Ces considérations, ces faits, ces exemples nous semblent décisifs. Peut-on bien, après cela, compter sur les qualités hygiéniques, sur les propriétés curatives des eaux du domaine de Charance, alors surtout qu'on sait qu'elles reçoivent maintenant chaque année les émanations si subtiles, si pénétrantes et si délétères des vidanges de fosses d'aisance, avec lesquelles M. Pascal est dans l'habitude de fumer ses prairies. N'a-t-on pas les plus justes motifs de concevoir de la défiance sur leur prétendue salubrité et n'y a-t-il pas lieu d'appréhender qu'à Gap, un peu plutôt, un peu plus tard, la triste réalité ne vienne donner gain de cause aux prévisions malheureusement trop bien fondées du chimiste lyonnais?

Nous savons que l'on répond qu'un pareil danger n'est pas à craindre; que les eaux qui alimentent la fontaine des casernes ont été analysées avec le plus grand soin et que, de cette analyse, il résulte qu'elles ne contiennent aucun principe qui puisse faire douter de leur salubrité. D'abord, nous n'admettons point ce fait. On l'admettrait, que prouverait-il rigoureusement? Rien. Qui ignore que les ressources de la science sont le plus souvent insuffisantes pour isoler et mettre à nu les matières organiques sous forme gazeuse en solution dans un liquide, et qu'en général, les causes des maladies ont défié jusqu'à ce jour la puissance des agents chimiques les plus énergiques.

Mais il y a une autre raison bien forte à invoquer pour achever de prouver que les eaux de M. Pascal ne sont point potables, c'est qu'elles n'ont de permanence ni dans leur composition ni dans leur température.

Au printemps, par exemple, à l'époque des grands dégels, ce ne sont, pour ainsi dire, que des eaux de neige. Nous avons vu déjà combien de pareilles eaux sont insalubres; dans les jours de pluie, elles se chargent de matières schisteuses et deviennent troubles. En été, lorsque les eaux des puits de Gap conservent une température constante de 7 à 8 degrés centigrades, les premières sont à 12, 13 et 14 degrés. Or, d'après Hallé, sans contredit l'autorité la plus imposante en fait d'hygiène publique et privée, on doit éviter de se servir d'une eau trop rapprochée de l'état de nos organes. Lorsque l'eau est d'une température très inférieure à celle de notre corps, elle étanche la soif, non-seulement en humectant, mais encore en changeant l'état de notre organisme, et il est prouvé par l'expérience qu'il faut moins d'eau froide que d'eau tempérée pour produire cet effet.

Dans un rapport présenté, il y a quelques années, à la société de médecine de Lyon, une commission composée de neuf de ses membres, ayant à traiter la même question, émit l'avis suivant qui fut adopté d'une voix unanime :

« Nous plaçons ici une réflexion fort importante ;
« elle est relative à la fraîcheur de l'eau ; cette qualité
« mérite la plus grande attention, car elle suffit bien
« souvent pour faire digérer une eau mauvaise, pendant
« que la tiédeur rend la meilleure eau nauséeuse et
« indigeste. » (1).

(1) Terme, ouvrage cité, p. 21.

Moins l'eau que l'on consomme est fraîche, dit M. le docteur Terme, plus on en boit; et d'autre part, plus on boit d'une eau qui n'est point fraîche, plus on compromet sa santé (1).

A Gap, M. le docteur Roubaud recommande aux personnes convalescentes de s'abstenir de faire usage, en été, de l'eau de la fontaine de la place Saint-Arnoux, parce que dans cette saison, à cause de sa tiédeur, cette eau est peu propre à faciliter la digestion.

En conséquence, l'eau venant du domaine de M. Pascal ayant, à l'époque du dégel, une température très-rapprochée de celle de la glace fondante, et, en été, une température trop élevée pour être bonne à boire; cette eau variant d'ailleurs dans sa composition, au gré de toutes les vicissitudes atmosphériques; ayant, en outre, une sapidité particulière qui trahit son origine et contenant nécessairement en solution, comme eau de pré-marais, des matières extractives organiques et des gaz délétères, il n'est pas possible, quoiqu'on dise et quoiqu'on fasse, de la considérer comme eau salubre et potable.

Par ces divers motifs, et pour résumer la discussion objet de ce paragraphe, nous croyons devoir ainsi formuler nos conclusions.

Au point de vue médical, ce n'est point le scorbut,

---

(1) Terme, ouvrage cité, page 21.

mais bien la stomatite que nous voyons régner quelquefois épidémiquement dans les casernes.

Il importe de ne point employer dans le traitement de la stomatite les moyens de médication indiqués pour celui du scorbut.

On ne peut considérer l'usage de l'eau du puits des bâtiments militaires et des autres puits de la ville comme cause déterminante de l'une ou de l'autre de ces deux affections.

L'eau de M. Pascal, au contraire, étant dans certaines circonstances une eau de neige proprement dite, il est indubitable que, dans ce cas, elle devient apte à produire la maladie des gencives ci-devant décrite, de même qu'il est constant que, pendant la saison d'été principalement, ses autres propriétés malfaisantes la rendront très-propre à développer activement les germes des fièvres typhoïdes.

Sous le rapport de la salubrité publique, on ne peut donc pas raisonnablement songer à l'utiliser comme eau potable. C'est l'avis qu'aurait, sans aucun doute, émis le conseil de salubrité du département, si l'autorité locale l'eût consulté, comme c'était son devoir et son intérêt de le faire. D'un autre côté, aux termes du paragraphe final de l'article 50 de la loi du 18 décembre 1789, l'une des fonctions propres au pouvoir municipal est de faire jouir les habitants de la salubrité et des avantages d'une bonne police. Or, l'administration actuelle est assurément trop prudente, trop éclairée et pour vouloir se mettre en opposition formelle avec les dispositions de cette loi ; c'est cependant le grave inconvénient dans lequel elle tomberait, si jamais elle autorisait la création d'un service de fontaines qui ne fourniraient qu'une eau dont les propriétés hygiéniques sont non-seulement hautement contestées mais même encore victorieusement déniées.

Quant à savoir si la fontaine qui flue dans la cour des casernes depuis le mois d'août 1852 continuera à servir aux usages de la garnison, M. le Ministre de la guerre, à qui la question sera soumise, appréciera les faits, et dans sa sagesse décidera du parti qu'il conviendra de prendre, dans l'intérêt du bien-être et de la santé du soldat.

Enfin, au point de vue de la légalité, et c'est là le côté par lequel notre digression sur le scorbut se lie d'une manière intime à la discussion générale, il est au su de tout le monde que les motifs qui ont déterminé l'ancien conseil municipal à concéder à M. Pascal le droit de passer les eaux de Charance sur les chemins de la ville ont été, d'une part, la persuasion où étaient les membres de ce conseil que des affections de nature scorbutique régnaient épidémiquement dans les casernes, et, d'autre part, la conviction qu'ils ont partagée avec beaucoup d'autres personnes que cette épidémie était occasionnée par l'usage de l'eau du puits dont il nous est arrivé si souvent de faire mention.

Cependant, à présent, nous savons à n'en plus douter que ces motifs reposent sur des renseignements et des données de la dernière inexactitude, sur des faits qui n'ont jamais existé et qui ne sont pas plus réels que le danger de perdre sa garnison dont on disait la ville menacée, si le marché que proposait M. Pascal à l'administration de la guerre n'était immédiatement conclu.

Or, quand les causes qu'un acte exprime ou fait présumer sont fausses ou n'existent pas, l'équité ne permet point que l'engagement subsiste (1).

C'est un principe que le code Napoléon a érigé en règle positive dans ses articles 1109 et 1131, ainsi conçus :

« Art. 1109. Il n'y a point de consentement valable, « si le consentement n'a été donné que par erreur.

« Art. 1131. L'obligation sans cause ou pour une « fausse cause ne peut avoir aucun effet. »

L'erreur sur le motif, enseigne Toullier, est une cause de nullité quand elle porte, comme dans notre espèce,

---

(1) Bigot-Préameneu, motifs du titre 2, livre 3 du code Napoléon, *De la cause des obligations*, n° 57.

sur la cause déterminante du contrat (1), et cette nullité est radicale ainsi que toutes celles qui vicient le consentement, parce que l'erreur, dit encore ce jurisconsulte, anéantit le consentement dans son principe même (2).

Seulement, la convention qui est ainsi viciée n'est pas nulle de plein droit; elle donne simplement lieu à une action en nullité.

Ces règles journellement mises en pratique dans les affaires qui ressortent de la juridiction civile ordinaire, sont, sans aucune difficulté, applicables aux matières administratives.

Lorsqu'une hypothèse en vue de laquelle une délibération a été prise, un arrêté a été rendu n'est point réalisée ou n'est pas susceptible de réalisation, de pareils actes, d'après M. Cormenin, doivent être considérés comme non avenus; il faut s'adresser alors à l'autorité supérieure compétente pour les faire rapporter administrativement (3).

A l'aide des conséquences qui se déduisent de ces principes, on résout encore la question des eaux litigieuses tout à l'avantage des riverains de la Bonne.

En effet, quand le conseil municipal a basé les motifs de la donation consentie en faveur de M. Pascal sur

---

(1) Toullier, tome 8, numéro 184 à 188.

(2) Toullier, tome 6, numéro 36.

(3) Voir M. Cormenin, page 124, aux notes.

l'existence des hypothèses que nous connaissons, incontestablement ce conseil était dans l'erreur. L'engagement qu'il a contracté par suite de cette erreur, s'il n'est pas nul de plein droit, est dans le cas d'être annulé par l'autorité administrative. C'est sur ces raisons que les propriétaires réclamants se fondent et croient devoir insister pour obtenir l'abrogation de la délibération du 21 janvier et de l'approbation dont plus tard elle a été revêtue.

Une dernière observation : admettons, si l'on veut, comme prouvée l'existence du scorbut et des propriétés délétères de l'eau du puits des casernes; dans ce cas, que l'on accorde à notre adversaire un droit de passage sur le chemin qui va directement des bâtiments militaires au domaine de Charance, rien de mieux, cela se conçoit à la rigueur. Mais que, sous le prétexte de la maladie du scorbut, on étende cette autorisation à tous les chemins et à toutes les rues, et qu'on permette d'établir un aquéduc pour un volume d'eau de quinze à vingt fois plus considérable que celui qui est nécessaire pour l'alimentation de la fontaine dont il s'agit, en vérité, c'est ce qu'il est difficile d'expliquer et ce que, dans tous les cas, il est impossible d'admettre.

§ 6.

Application des dispositions de la loi des 12-24 août 1790 à la question des eaux litigieuses.

Aux termes du chapitre 6 d'une instruction législative du 12 août 1790, revêtue de la sanction royale le 29 du même mois, il appartenait aux administrations départementales de rechercher et d'indiquer les moyens à prendre, pour diriger toutes les eaux de leur territoire vers un but d'utilité générale, d'après les principes de l'irrigation.

Selon la disposition de l'article 2 de la loi du 28 pluviose an 8, les préfets remplissant aujourd'hui les fonctions précédemment exercées par les administrations des départements, ont le droit et le devoir de déterminer par des règlements particuliers, suivant l'exigence des cas, l'usage des cours d'eau qui ne sont ni navigables ni flottables (1).

(1) Crim. Cassation, Arrêt du 10 février 1827, aff. Mont-Lambert contre M. P.

Ces réglements sont toujours faits en vue des intérêts agricoles et de l'intérêt général auxquels sont subordonnés d'une manière absolue toutes les possessions sur les cours d'eau, et toutes les fois qu'un inconvénient pouvant compromettre ces intérêts se produit, il doit y être pourvu (1).

En conséquence, en vertu de ce pouvoir providentiel qu'elle tient de la loi, l'autorité préfectorale a exclusivement dans ses attributions tout ce qui touche à l'organisation et à la disposition matérielle des lieux, à l'effet de rendre les cours d'eau plus profitables à l'arrosage des terres (2).

Omnipotente pour faire disparaître tous les obstacles et juge suprême de l'opportunité qu'il peut y avoir à donner aux eaux une direction plutôt qu'une autre, ici, elle empêche que des ouvrages de mains d'homme n'en entravent le cours et ne nuisent à l'utilité générale (3); là, elle veille, dans sa haute sollicitude, à ce que le fluide soit réparti sur les fonds inférieurs de façon que l'arrosage y produise les effets les plus salutaires (4); ailleurs, enfin, elle fait en sorte qu'un élément aussi utile ne s'écoule pas en pure perte pour l'agri-

---

(1) Daviel, ouvrage cité, tome 2, p. 72.

(2) Proudhon, *Traité du domaine public*, tome 5, p. 19.

(3) Proudhon, *Traité du domaine public*, tome 5, p. 26.

(4) Id. tome 5, p. 26.

culture, en passant sur des terrains qui n'ont nul besoin d'en ressentir l'influence (1).

Que s'il s'agit de l'établissement d'un aquéduc ou de tout autre canal artificiel, la surintendance que l'autorité préfectorale est alors appelée à exercer, est encore la même pour tout ce qui tient à la police de l'entreprise (2).

Spécialement, si ce canal occupe le sol d'un chemin appartenant à la grande ou à la petite vicinalité, l'exercice de cette surintendance en pareil cas, *peut d'autant moins être contesté* que l'article 21 de la loi du 21 mai 1836 a chargé les préfets de régler l'écoulement des eaux des chemins vicinaux à l'exclusion de l'autorité municipale qui, par l'effet de cette disposition, s'est trouvée dépouillée du droit que lui attribuait la loi du 16-24 août 1790, de prendre des arrêtés généraux à cet égard (3).

Mais lorsqu'il applique les dispositions de l'instruction législative précitée, le pouvoir réglementaire a toujours soin de faire abstraction des intérêts particuliers. Mû par des motifs d'un ordre plus élevé, n'ayant en vue que l'intérêt public, c'est moins aux

---

(1) Proudhon, *Traité du domaine public*, tome 5, p. 28.

(2) Id. tome 5, p. 98 et 99.

(3) Arrêt de la Cour de cassation du 6 août 1837. Dalloz, *Repert. gén. de doctrine et de jurisprudence*, tome 10, p. 485, note 3me.

personnes qu'aux choses qu'il impose des obligations, et dans les mesures qu'il croit devoir prendre, il se préoccupe plutôt des intérêts de l'avenir qu'il ne cherche à satisfaire les exigences du moment (1).

Cependant, la défense des intérêts particuliers devient quelquefois la conséquence forcée des dispositions prises en vue de l'utilité générale et l'arrêté d'un Préfet peut très-bien n'avoir pour objet que le redressement d'un fait privé, quand ce fait est nuisible à une localité (2).

Enfin, l'autorité supérieure administrative a encore le droit de régler, dans l'intérêt de l'industrie, l'usage des cours d'eau non navigables ni flottables, et de s'assurer, au préalable, avant que d'autoriser des dérivations, qu'on ne soustraira pas aux besoins des propriétaires des lieux, une quantité d'eau telle qu'ils soient exposés à manquer du nécessaire (3).

Dans tous les cas, quand une semblable autorisation a été donnée, l'autorité préfectorale a le droit de la révoquer s'il est constant que celui qui l'a obtenue nuit à la marche des usines ou trouble les riverains dans l'arrosage de leurs terres, encore bien que le concessionnaire soutienne

(1) Proudhon, *Traité du domaine public*, tome 3, p. 411.—Arrêt de la Cour de Cass. du 6 mai 1806, B. C. page 160.—Autre arrêt de rejet de la même Cour, du 7 avril 1807.—Dalloz, 7-1-185.

(2) Dalloz, *Rép. gén.*, tome 10, n° 401, V° *Eaux*.

(3) Proudhon, *Traité du domaine public*, tome 3, p. 411 et suivantes.

que la contestation ne porte que sur des intérêts privés justiciables des tribunaux (1).

Voilà les principes qu'il fallait appliquer et les règles qu'aurait dû suivre l'ancienne administration départementale dans la question des eaux du Peyssier.

Au lieu de cela faire, on dirait que cette autorité s'est, au contraire, étudiée à prendre le contrepied de tout ce que prescrivent les règlements sur la matière.

Ainsi, dans un temps où, grâce à l'active et bienfaisante impulsion du gouvernement, les sociétés et les comices agricoles, dans le but de contribuer à un développement plus grand de la richesse nationale, travaillent à l'envi sur tous les points de la France à faire apprécier et à propager les avantages de l'irrigation; dans un pays où les sujets de la race bovine sont peu communs, les engrais d'une cherté excessive et où tout ce qu'il y a d'agriculteurs intelligents regrette de ne pouvoir transformer en prairies la plus grande étendue possible de leurs terres arables; dans une localité, enfin, où la sécheresse désole des terres qu'avec les plus simples moyens d'arrosage l'on rendrait éminemment fertiles; où les provenances des jardins sont au dessous des besoins de la consommation; et où les usines, chaque année, ont à subir de longs chômages qui n'ont d'autre cause

(1) Arrêtés du 9 ventose an 6 et 9 ventose an 13.-- Décret impérial, en Conseil d'état, du 13 février 1813 (Inséré dans tous les recueils).

que l'insuffisance de leurs forces motrices; l'autorité supérieure n'a point vu qu'en approuvant la délibération municipale du 21 janvier, l'adoption de cette mesure avait pour effet immédiat de soustraire aux besoins de l'industrie rurale et manufacturière un élément dont la destination naturelle et légale, depuis des siècles, était de répandre la vie et la fertilité dans une partie notable du territoire de Gap; elle ne s'est point aperçue qu'en donnant cette approbation intempestive, elle sacrifiait à l'intérêt privé, par des considérations d'un ordre tout-à-fait secondaire, l'intérêt général dont la loi l'a cependant instituée la protectrice et la gardienne et qu'en permettant qu'une partie des eaux du Peyssier prît son écoulement à travers les chemins vicinaux, sans aucune utilité pour l'irrigation, elle enlevait à l'agriculture locale un agent permanent et indispensable de la fécondité du sol.

Évidemment, dans cette circonstance et sans qu'il soit besoin d'entrer dans des explications plus détaillées pour mieux faire ressortir l'évidence de nos propositions; laissant, au surplus, au lecteur, le soin d'appliquer un à un, aux faits de la cause, les principes que nous venons d'exposer; au lieu de diriger les eaux du territoire d'après les principes de l'irrigation et de faire prédominer les droits de l'agricultuee, l'ancienne administration s'est laissé dévoyer de la ligne des attributions qui lui ont été conférées par la loi de 1790; elle a compromis et abandonné les intérêts qu'elle était chargée de défendre ; en un mot, elle a complètement failli à sa mission.

La nécessité de faire reprendre à une loi méconnue tout son empire et les exigences de l'intérêt général militent donc en faveur d'une prompte et radicale réforme de l'acte préfectoral du 25 février.

Puisqu'il est constant que, par suite de la dérivation des eaux du Peyssier, les propriétaires riverains et autres ayant-droit ont été troublés dans l'arrosage de leurs terres ou la marche de leurs usines et qu'il n'y a pas de doute, d'après les principes ci-devant rappelés, que le pouvoir réglementaire ne soit nécessairement investi du droit d'interdire toute entreprise faite sur un cours d'eau contrairement au vœu de la loi, ce même pouvoir ne peut moins faire dans la présente occurence que d'intervenir d'office dans la question des eaux litigieuses et de la trancher dans le sens de l'instruction législative du 12-20 août 1790, à moins, cependant qu'on ne le suppose disposé à prendre au sérieux les objections qui sont mises en avant pour établir que les dispositions de cette loi ne sont point applicables à notre espèce.

La première et la plus étrange de ces objections, celle enfin dont on espère tirer un très grand parti, parce qu'elle émane d'hommes soi-disant compétents et qu'à cause de la spécialité de leurs études, on aurait difficilement crus capables de tomber dans une aussi grave erreur, c'est que l'instruction législative en question ne régit que les grands cours d'eau, les rivières navigables et flottables et les petites rivières, mais nullement les simples ruisseaux qui, de cette manière, se trouveraient placés complètement en dehors de son action.

Tout d'abord, en ce qui concerne les plus petits cours d'eau, nous tenons cette opinion pour être absolument erronée; nous allons en fournir les preuves les plus décisives.

D'après M. Proudhon, la loi de 1790 s'applique non-seulement aux rivières, mais encore aux cours d'eau qui ne sont que des ruisseaux (1).

Selon M. Daviel qui, lui aussi, range dans la même catégorie les ruisseaux et les rivières qui n'ont pas déclarées navigables ou flottables, ce n'est point le volume de l'eau, mais la circonstance que le cours en est ou n'en est pas consacré à un service public, qui lui donne son caractère légal (2).

« Ce qu'a décidé la cour de cassation, lit-on dans un « réquisitoire du procureur général Merlin, relative-« ment à un ruisseau, dans une espèce où il s'agissait « d'un cours d'eau non navigable; l'identité de raison « veut qu'on le décide également pour une rivière non

---

(1) *Traité du domaine public*, tome 3, p. 411.

(2) *Diction. gén. de l'administr.* V° Cours d'eau, p. 560. — Daviel, *Traité de la législation des cours d'eau*, tome 2, p. 61.

« navigable ni flottable, car la loi ne met aucune dis-
« tinction entre l'un et l'autre (1). »

En effet, ni l'article 643, ni l'article 645 du code Napoléon ne distingue entre les ruisseaux et les petites rivières. Un même caractère leur appartient, du moment qu'ils n'ont pas pour objet l'utilité publique.

La distinction purement arbitraire que nos adversaires voudraient établir, repoussée déjà par l'ancienne législation, n'est point passée dans la nouvelle ; elle ne repose donc sur aucun fondement (1).

En 1808, la difficulté avait déjà été tranchée dans ce sens, par le ministre de l'intérieur, à l'occasion d'un conflit qui s'était élevé, sur une question de compétence, entre M. le Préfet des Hautes-Alpes et le tribunal de première instance de l'arrondissement de Gap. Nous rapportons textuellement la lettre qui renferme la décision du ministre, parce que nous pensons que nos lecteurs ne la liront pas sans intérêt, et qu'on ne saurait d'ailleurs la citer plus à propos.

Paris, 23 décembre 1808.

Le Ministre de l'intérieur, Comte de l'Empire, à M. le Préfet du département des Hautes-Alpes.

J'ai lu, Monsieur le Préfet, avec une attention particulière, la lettre que vous m'avez écrite le 10 de ce mois, au sujet de la différence d'opinion qui vous divise avec les tribunaux,

---

(1) Champlonnière, *De la propriété des eaux courantes*, p. 750.

sur la police des cours d'eau qui ne sont ni navigables ni flottables et qui sont plus particulièrement destinés à l'irrigation des terres.

Les motifs que vous m'avez exposés pour rétablir, à cet égard, les droits de l'administration, m'ont paru justes et conformes aux principes.

La loi du 6 octobre 1791 est toujours en vigueur, et il n'est point dérogé aux attributions qu'elle a confiées à l'autorité administrative.

Il s'ensuit que MM. les Préfets qui ont succédé, pour cette partie, aux fonctions des administrations départementales, *doivent continuer à diriger, autant que possible, toutes les eaux de leur territoire, d'après les principes de l'irrigation.*

Cette direction emporte nécessairement la faculté de faire des règlements d'administration publique, lesquels, cependant, sont de nature à être soumis à l'approbation du gouvernement; après cette formalité remplie, ces règlements deviennent obligatoires même pour les tribunaux qui ne peuvent ni les méconnaître ni en détourner l'exécution.

Je pense donc que la prétention élevée par quelques membres des tribunaux de votre ressort que c'est à eux à approuver les réglements sur les plus petits cours d'eau, est une opinion erronée et une fausse application de l'article 645 du code Napoléon.

En effet, l'article précité dit que toutes les fois qu'il s'élève une contestation entre les propriétaires auxquelles les eaux peuvent être utiles, les tribunaux en prononçant doivent concilier l'intérêt de l'agriculture avec le respect dû à la propriété et dans tous les cas que les règlements particuliers et locaux sur le cours et l'usage des eaux, doivent être observés, etc. etc.

Pour ampliation :

Le Secrétaire général de la Préfecture,

Signé FARNAUD.

Enfin, d'après un arrêt du Conseil d'État du 3 juin 1818, il n'y a pas de ruisseau si faible qu'il soit qui ne puisse devenir l'objet d'un règlement administratif et tomber sous l'application de la loi du 12-20 août 1790, du moment qu'il est sorti du fonds où naît la source et qu'il peut devenir entre les propriétaires riverains ou un bien commun ou une cause d'inconvénients (1).

Citer ces autorités, c'est démontrer que la question doit être résolue conformément à notre manière de voir; c'est, en un mot, résoudre l'objection proposée.

Aussi bien, ne pouvons-nous, maintenant, nous dispenser d'examiner quelle est la valeur du nouvel expédient auquel ont recours nos adversaires pour empêcher que les dispositions de la loi précitée ne soient appliquées à la réglementation du cours d'eau du Peyssier. Cet expédient consiste à nier les avantages que procure ce béal à l'agriculture et à l'industrie locales. A les en croire, tout ce que nous avons pu dire, dans ce mémoire, de l'importance de ce ruisseau n'est qu'une puérile et ridicule exagération, et ceux qui, sur ce sujet, ont le malheur de penser comme nous, ne sont que des gens de peu de bonne foi, des brouillons, voire même de mauvais citoyens.

Voilà l'accusation dans toute sa verte crudité. Voici

---

(1) *Dictionnaire général d'administration*, V° Cours d'eau.

notre réponse : une justification plus complète de l'opinion que nous avons émise en premier lieu et que, malgré ces vives critiques, nous persistons à ne vouloir modifier en rien.

« Le bassin de Gap, d'une excellente exposition et « d'une étendue de culture considérable, offre un ter- « rain d'une très-bonne qualité, mais que le manque d'eau « dessèche malheureusement pendant les chaleurs de « l'été. L'irrigation, dans ces contrées, produirait d'im- « menses améliorations, comme le prouvent les champs « qui tirent quelques moyens d'arrosage du peu de « sources de la montagne de Charance qui ne tarissent « pas entièrement. »

C'est en ces termes que M. Uhrich, ancien ingénieur du département des Hautes-Alpes, s'exprime au commencement de son rapport sur le projet de dérivation des eaux du Drac. En 1847, quand ce travail parut, l'administration municipale s'empressa d'approuver et d'adopter toutes les vues de l'auteur, et même c'est elle qui demanda que ce rapport fût livré à la publicité.

Or, s'il y a cinq ou six années, les moyens d'irrigation que l'on tirait des quelques sources du plateau de Charance qui ne tarissent pas entièrement, faisaient, de l'aveu de l'administration, un bien immense à l'agriculture de ce quartier, comme, au nombre de ces sources, il faut nécessairement ranger celles qui se trouvent dans la propriété de M. Pascal, il s'ensuit que ces dernières ont dû aussi contribuer aux améliorations auxquelles fait allusion M. Uhrich et qu'aujourd'hui les eaux qui en proviennent ne donneraient pas des résultats moins satisfaisants qu'en 1847, si l'on n'avait pas eu la malheureuse idée de leur donner une autre destination.

Mais dans quelles proportions les sources de M. Pascal contribuaient-elles aux améliorations dont il s'agit ? Pour répondre à cette nouvelle question, nous n'avons rien de mieux à faire que de nous appuyer sur des chiffres empruntés à un document officiel, à un document qui émane de l'administaation de la ville de Gap, ellemême.

Nous lisons, en effet, dans une délibération en date du 3 janvier 1847 : « M. Allier, rapporteur de la commission nommée pour s'occuper de la conduite des eaux de M. Pascal dans la ville, prend la parole et s'exprime à peu près en ces termes :

« Déjà, dans notre séance du 15 novembre dernier,
« j'ai eu l'honneur de vous entretenir des eaux qui
« naissent dans la propriété de M. Pascal. Au nom de la
« commission dont j'étais l'organe, je vous disais de
« prendre en sérieuse considération cet important projet
« et je vous proposais de voter une somme suffisante,
« en accompagnant ce vote d'une supplique, pour ob-

« tenir des secours du gouvernement. Aujourd'hui, « M. le Ministre, dans sa bienveillante sollicitude pour « les classes indigentes, vient nous offrir lui-même la « subvention que nous vous engagions à lui demander. « Depuis que nous avons cette heureuse certitude, votre « commission s'est occupée plus attentivement encore « du travail qui lui avait été confié; notre architecte-« voyer a fait de nouvelles études et je vais vous expo-« ser, le plus brièvement possible, le résultat de nos « opérations.

« D'abord, les eaux de M. Pascal sont-elles suffi-« santes et donneront-elles le moyen d'établir un nom-« bre de fontaines convenable? Dans mon premier « rapport (1) je vous disais, Messieurs, qu'il résultait « des expériences auxquelles nous nous sommes livrés « dans le moment où les eaux étaient encore très-basses, « que les sources de M. Pascal, avant tous travaux « tendant à en augmenter le volume, nous avaient paru « fournir huit hectolitres par minute; bien que nos « expériences soient loin d'avoir toute l'exactitude né-« cessaire en matière pareille, il est probable que nous « pouvons regarder cette donnée comme positive et que « le volume que nous obtiendrons, même pendant

(1) Ce premier rapport est du 15 novembre 1810.

« la plus grande sécheresse, sera de 60 pouces fon-« tainiers » (1).

Or, 60 pouces fontainiers donnent en 24 heures 12,000 hectolitres.

Dans son traité de l'irrigation, M. Nadault de Buffon, ingénieur en chef, aujourd'hui attaché au ministère des travaux publics, estime à 0.75 par seconde le volume d'eau nécessaire à l'arrosage d'une étendue de 1,000 hectares. C'est ce chiffre que, dans son projet de dérivation des eaux du Drac, M. Uhrich a adopté pour l'irrigation des terres du bassin de Gap. En calculant d'après ces données, les 60 pouces de M. Pascal suffiraient à l'arrosage de 18 ou 20 hectares; mais, à raison de l'extrême division que l'on en a faite entre les nombreux

(1) Aujourd'hui un pouce d'eau, un pouce fontainier, est le double de la quantité d'eau qu'à l'exemple de M. de Prany, l'on appelle un module. Ou, pour nous exprimer plus clairement, c'est la quantité d'eau qui s'écoule en 24 heures, par un orifice circulaire d'un pouce de diamètre, percé dans la paroi d'un vase, mais à la condition que la surface de l'eau dans le vase ou bassin soit maintenue constamment à sept lignes au-desssus de l'orifice. Il y a encore une autre condition à déterminer, c'est l'épaisseur de la paroi du vase. Faute de s'entendre sur ce point, on n'a jamais été parfaitement d'accord sur le produit du pouce d'eau. On le considérait assez généralement autrefois comme donnant 15 pintes par minute; ce qui ferait 19,200 litres par 24 heures. Cette quantité étant fort rapprochée de 20,000 litres ou de 20 mètres cubes, les ingénieurs depuis l'emploi du système décimal comptent toujours le pouce d'eau pour 20 mètres fournis en 24 heures, par un écoulement continu. M. Allier était donc dans le vrai en évaluant à 60 pouces fontainiers la quantité d'eau sortant des sources de M. Pascal, du moment qu'il avait été constaté qu'elles rendaient 8 hectolitres à la minute.

propriétaires qui y ont des droits, les prairies et les jardins auxquels l'usage de cette eau est attribué reçoivent, tout au plus, le tiers de la quantité qui serait dépensée dans le système de M. de Buffon. Les eaux litigieuses, à ce compte, irrigueraient donc une étendue de terrain trois fois plus considérable. C'est ce qui aurait lieu effectivement, si une bonne partie n'en était employée au service des usines sises sur les rives de la Bonne.

Sans doute, avec une répartition d'eau aussi parcimonieuse, on n'a qu'un système d'irrigation fort incomplet; mais quelque incomplet qu'il soit, ce système ne laisse pas que de produire un bien immense; en détruire l'économie, priver de ses avantages ceux qui en ont joui jusqu'à ce jour, c'est, nous le répétons, leur porter un coup funeste, réduire presque à rien la valeur de leurs propriétés, et cela est strictement vrai, ainsi qu'il est facile de s'en assurer en se reportant seulement à ce qui s'est passé dans un pays qui est à nos portes, il y a à peine quatre-vingts ans.

« Le plateau d'Aubessagne, écrivait en 1810 M. le « secrétaire général Farnaud, offrait encore en 1772 « l'aspect d'une aridité repoussante. Nul arbre n'om- « brageait le terrain; à peine quelques légères sources « permettaient-elles à l'habitant de se désaltérer. « M. Desherbeys parait, sans moyens pécuniaires, mais « avec de la réputation et du crédit. Il conçoit le projet

« de dériver les eaux de la Severaisse. Les voisins y « applaudissent ; mais ils y renoncent au moment de « l'exécution. Livré à une sorte d'isolément capable « d'effrayer une âme vulgaire, l'auteur du projet fait « tête à l'orage, et deux ans après, les eaux parvenues « d'abord dans ses propriétés, débouchent par six mar- « telières dans les communes de Saint-Jacques et d'Au- « bessagne.

« Le canal auquel M. Desherbeys a donné son nom « arrose 1,800 sétérées (300 hectares) ; ses effets ont « été prodigieux ; chaque année les moissons et les « fourrages surpassent les espérances du laboureur. Il « n'est pas un mètre de terre en repos.

« Avant le canal, chaque sétérée (16 ares 50 centia- « res) se vendait environ 40 francs. L'année qui suivit « celle de l'irrigation, elle fut portée à 300 francs. « Aujourd'hui le prix courant et moyen est de 800 « francs.

« Les 1,800 sétérées, avant le canal, avaient donc « une valeur capitale de. . . . . 72,000 fr.

« Cette valeur est actuellement de. 1,440,000

« Différence en plus depuis l'éta- « blissement du canal. . . . . 1,368,000 (1).

Voilà des chiffres qui sont significatifs.

(1) *Exposé des améliorations introduites depuis environ 50 ans dans les diverses branches de l'économie rurale du département des Hautes-Alpes*, par M. Farnaud, secrétaire général de la préfecture, page 91, 98 et 99.

Dans le Valgodemard et en général dans les Hautes-Alpes, la valeur des terres irriguées est à la valeur de celles qui ne le sont pas, comme 20 est à 1 (2).

Que si l'on conteste que ce rapport soit applicable aux terres du bassin de Gap, nous accordons alors qu'au lieu d'être comme 20 à 1, il ne soit, pour les jardins et les prairies du quartier de Charance, que de 12, de 8 et même de 6 à 1, si l'on veut. Ce point admis, n'est-il pas vrai que telle terre qui était à l'arrosage avant les travaux de M. Pascal, et dont la valeur vénale s'élevait à 6,000 francs, est tombée à 1,000, depuis qu'elle a cessée d'être irriguée? Toujours faut-il reconnaître qu'un jardin qui, en location, donnait un revenu de 200 fr., trouvera à peine un amodiateur à 40, si l'eau vient à y manquer. Avons-nous eu tort, en conséquence, d'avancer, dès le principe, que la concession dont nous demandons le retrait jetterait la perturbation dans la valeur de ces immeubles et entraînerait la ruine partielle de leurs propriétaires, si elle n'était bientôt retirée? Certaines gens, enfin, voudront-elles bien ne pas trouver mauvais que nous persistions à soutenir que priver les ayant-droits de l'usage

(2) Dans son rapport au Conseil général, pour l'année 1843, M. le Préfet Curel a émis la même opinion, quand il a dit: « Dans les Hautes-Alpes, « par le seul fait de l'irrigation, le sol gagne prodigieusement en fertilité « et en valeur, et l'avantage des irrigations est si grand qu'on peut dire « que l'agriculture y est avancée ou reste stationnaire selon que les canaux « se creusent ou sont négligés. »

des eaux qui tombent du domaine possédé aujourd'hui par M. Pascal dans le béal le Peyssier, c'est leur occasionner un grave préjudice, quand l'honorable M. Allier, en sa qualité de premier adjoint et de rapporteur de la commission des eaux, avec une impartialité que nous nous plaisons à reconnaître, est convenu positivement du fait, bien qu'un pareil aveu de sa part eût pu compromettre le sort du projet dont il proposait l'adoption.

« A-t-on la certitude, disait M. Allier, au conseil muni-
« cipal, dans la séance du 3 janvier 1847, que M. Pascal
« pourra vendre les eaux qu'il propose à la ville et que
« les propriétaires des usines qui sont situées sur le tor-
« rent de Bonne n'y aient aucun droit. On soulèvera
« probablement cette question ; mais tout porte à croire
« qu'elle sera résolue négativement. Nous nous sommes
« assurés qu'il n'existe aucun titre établissant les droits
« que les meuniers prétendent avoir sur les eaux de
« M. Pascal. La prescription (et c'est fort contestable)
« pourrait à peine établir un droit de passage pour les
« eaux venant de Charance. Nous avons parmi nous
« des jurisconsultes ; ils décideront cette question qui
« nous a paru claire.

« Nous ajouterons même *que la ville n'aura pas à*
« *s'imputer le préjudice que pourraient éprouver les*
« *usines de Bonne et les propriétaires riverains par*
« *suite de la perte des eaux de M. Pascal, dont ils*

« *profitent, il est vrai, dans ce moment;* car M. Pas-
« cal nous a donné la certitude (et il lui a été facile de
« nous en convaincre) que, si la ville n'achetait pas les
« eaux, il était dans l'intention de les détourner lui-
« même, pour arroser les propriétés qu'il a nouvelle-
« ment acquises et qui en absorberont la presque tota-
« lité.

« *La ville, au contraire, les rendra à peu près*
« *toutes au torrent de la Luye où elles seront utilisées*
« *pour les usines et pour les propriétés.* » (1)

Les membres du conseil municipal qui assistèrent à cette séance confirmèrent, dit-on, leur adhésion entière à l'opinion émise par M. Allier, au sujet de l'importance par lui donnée aux eaux litigieuses. Cette importance est donc un fait authentiquement prouvé. Bien aveugles ou bien obstinés, pourrions-nous dire, à notre tour, seraient ceux qui persisteraient à vouloir en révoquer l'existence en doute.

Mais est-il bien sûr, ainsi qu'on l'a prétendu, que les riverains de la Bonne n'aient à se prévaloir d'aucun

---

(1) A cette séance étaient présents : MM. Alfred Allier, adjoint ; Izoard ; Faure, député et avocat ; Aillaud, Laurent, négociant ; Marcelin Faure, maître-d'hôtel ; J.-Jh. Aubert, propriétaire et commerçant ; Pellegrin, employé à la recette générale ; Disdier, ancien notaire et adjoint ; C. Amat, avocat ; Blanc, notaire ; J. de Caseneuve, juge ; Eynaud, employé des ponts et chaussées ; Labastie, vice-président du tribunal civil ; Bucelle, juge ; Blanc, docteur-médecin, et Blancsubé, avoué.

titre pour établir leurs droits à l'usage des eaux dont on a opéré le détournement? Dans notre conviction, c'est précisément le contraire qui est vrai et, si l'on nous mettait en demeure de fournir la preuve de ce que nous avançons, nous n'éprouverions qu'un embarras, celui de mentionner tous ces titres, tant ils se trouvent en grand nombre. Il n'était donc pas exact d'affirmer qu'il n'en existe aucun.

Cependant nous nous abstiendrons de les citer pour la plupart, parce qu'entrer dans ces détails, ce serait aborder la question de propriété, question que nous avons expressément réservée et qui est en quelque sorte étrangère à l'objet de ce mémoire, question enfin sur laquelle l'autorité administrative n'est, dans aucun cas, appelée à statuer,

En conséquence, autant que possible, la suite de cette discussion ne portera que sur des règlements ou des arrêtés spécialement applicables au département des Hautes-Alpes ou au territoire de la commune de Gap, et sur des actes dont l'application ou l'interprétation est laissée au pouvoir administratif.

Nous allons les faire connaître succinctement.

Les anciennes coutumes abrogées pour toutes les matières qui sont l'objet du code Napoléon ont conservé l'autorité des règlements locaux pour tout ce qui tient à la police des eaux, sauf ce qui serait l'application des principes de féodalité. Il en est de même des arrêts de règlement, ordonnances de police et autres actes de même nature émanés des autorités investies avant 1789 de l'administration locale (1).

D'après Pardessus, la possession des moulins acquise sous l'empire de la féodalité a la force d'un titre de propriété, dans le sens que l'entend l'article 641 du code civil, contre le maître du fonds où l'eau prend sa source (2).

Le même auteur assimile encore à un titre, à l'égard du propriétaire du fonds de la source, un réglement fait et homologué par l'administration entre les propriétaires inférieurs pour répartir entr'eux l'usage des eaux (3).

Or, pour régler la direction et la distribution des eaux du territoire de Gap et particulièrement de celles du quartier de Charance, il existe des titres postérieurs et antérieurs à 1789; ces titres sont :

1° Des reconnaissances passées en faveur des anciens Dauphins en 1325, 1326, 1556, 1594 et 1595 par les

---

(1) Loi du 30 ventôse an 12 ; — Réal, *Exposé des motifs du dernier titre du code pénal de* 1810 ; — Pardessus, *Traité des servitudes*, tome 1er, page 115 ; — Cassation, 3 octobre 1823 ; — Dalloz, *Recueil pério d.* 1823, 1-479 ; — Daviel, *Traité de la législation et de la pratique des cours d'eau*, tome 1er, n° 576.

(2) Pardessus, *Traité des servitudes*, nos 94 et 98.

(3) Pardessus, *Traité des servitudes*, tome 1er, n° 93.

ancêtres des sieurs Marcelin, propriétaires de l'un des moulins sis sur la Bonne;

2° Un arrêt du parlement de Grenoble du 30 juillet 1625;

3° La requête présentée à ce parlement en 1762, par Mgr Annet de Pérouse, évêque de Gap;

4° L'ordonnance dont cette requête fut répondue le 27 mai de ladite année;

5° Les décrets du juge de Gap, du 1er août 1775 et 2 juin 1776;

6° Une autre requête présentée au même parlement en 1777, par Me Étienne Blanc, notaire, et Me Joseph-Innocent Escallier, avocat en la Cour et Lieutenant en l'élection de la ville de Gap;

7° Autre requête audit parlement, du 17 juillet 1777, au nom de Mgr l'évêque Gaspard de Jouffroy-Gonans;

8° La pétition adressée le 9 floréal an 6 à la municipalité de Gap, par les propriétaires du quartier de Charance, possesseurs de fonds ayant droit à l'arrosage;

9° Le règlement intervenu entre ces propriétaires, le lendemain 10 floréal;

10° L'arrêté pris par M. le préfet Ladoucette le 15 thermidor an 12, approuvé par le ministre de l'intérieur le 10 ventôse an 13;

11° Le règlement supplémentaire, du 17 mai 1808, approuvé le lendemain 18 mai ;

12° Enfin, plusieurs lettres administratives se référant aux eaux litigieuses (1).

Au vu des reconnaissances qu'ont souscrites les meuniers Marcelin et dont parle l'arrêt précité du parlement de Grenoble, du 30 juillet 1625, on acquiert la certitude que les moulins dont ils sont propriétaires, de même que la plupart des usines existant de nos jours sur la Bonne, ont incontestablement une origine antérieure à l'abolition du régime féodal. C'est au surplus un fait attesté par la notoriété publique.

Or, ces moulins et ces usines n'auraient jamais été mis en activité, si, dès le principe, leurs possesseurs n'eussent eu à leur disposition les eaux du domaine qui se trouve aujourd'hui entre les mains de M. Pascal. C'est un point que nous avons péremptoirement démontré dans le paragraphe consacré à l'exposé général des faits. Le seigneur qui a primitivement donné, moyennant finance, l'autorisation de construire des moulins le long du cours inférieur de la Bonne, à partir de l'endroit où commence le canal des meuniers, a dû, en conséquence et nécessairement, concéder à ceux-ci un droit à l'usage des eaux qui tombent à droite et à gauche dans le Peys-

(1) Voir aux notes le texte des plus importants de ces actes.

sier, puisque, sans la concession d'un pareil droit, l'autorisation de construire des moulins aurait été tout-à-fait illusoire, et il a pu d'autant plus facilement l'accorder que, dans l'enclave du fief de Gap et de la châtelainie de Montalquier, il possédait par droit de régale les ruisseaux, les rivières, les eaux de source et de pluie: *Rivos*, *rivulos*, *fontes et omnem utilitatem ex aquarum decuasu provinientem* (1).

Or, non-seulement d'après Pardessus, mais encore d'après Proudhon, Championnière et M. Duport-Lavillette (2), de pareilles concessions sont des titres légitimes au moyen desquels les concessionnaires doivent être maintenus dans la possession de leurs cours d'eau, parce qu'elles ont eu lieu dans un temps où, suivant le droit commun qui s'était établi sur cette matière, les seigneurs avaient été maîtres de les accorder et que la suppression du régime féodal n'a pu produire un effet rétroactif au préjudice des tiers qui ont acquis leurs droits en temps utile. C'est au surplus la doctrine qu'a consacrée la cour

---

(1) Voir les *Coutumes des fiefs*, du jurisconsulte milanais Petrus Niger, au titre 56, liv. 2, *Quæ sunt regalia*, les droits des anciens Dauphins dans le comté de Gap et l'acte de vente de la châtelainie de Montalquier, passé devant Me Michel Garnier, notaire à Grenoble, le 3 novembre 1638, en faveur du seigneur du Poët.

(2) Proudhon, *Traité du domaine public*, tome 3, n° 1053; -- Championnière, *De la propriété des cours d'eau*, pages 612 et suivantes; -- Merlin, *Questions de droit*, V° Cours d'eau; -- Duport-Lavillette, *Questions de droit*, tome 3, p. 361.

de cassation par son arrêt du 23 ventôse an 10, rendu dans la cause entre le sieur Prasler et la commune de Greissembach. A ce titre, les adversaires de M. Pascal ont incontestablement droit à l'usage des eaux qui découlent de sa propriété.

Ce droit leur est encore garanti par plusieurs clauses des ordonnances et règlements que nous avons ci-devant énumérés ; rien n'est plus facile à prouver.

L'arrêt de 1625 règle entre les propriétaires d'usine et les propriétaires des jardins et des prairies la jouissance alternative des eaux qui ont leur écoulement dans la Bonne ; conséquemment, celles qui découlent du Peysssier s'y trouvent comprises.

Par l'ordonnance de 1762 sont établis deux prayers ou préposés à la distribution des eaux du territoire de Gap, avec défense à tous particuliers de dériver eux-mêmes les eaux et de les couper à ceux à qui les prayers les auront données, à peine de 500 livres d'amende et d'en être informé devant le juge du lieu.

Des requêtes presentées au parlement, par Mes Blanc et Escallier, et Mgr Gaspard de Jouffroy, en 1777, il appert que les eaux du quartier de Charance sont communes à tous les possesseurs des fonds inférieurs aux moulins dudit quartier ; que le bon ordre, la police et l'intérêt bien entendu de tous exigent que ces eaux soient distribuées avec égalité, sans distinction, sans prédilection aucune; et que les maitres des fonds où sont les sources ne doivent pas avoir la prétention de disposer exclusivement et à leur fantaisie des eaux qui en proviennent, puisque Mgr Gaspard de Jouffroy qui les possédait presque toutes par droit de régale ou par acquisition était soumis, comme les autres propriétaires, à la distribution des prayers, et qu'il payait sa quote-part des dépenses occasionnées par l'exécution du règlement.

Les titres d'une date postérieure ont une portée qui n'est pas moins grande.

Le préambule du règlement du 10 floréal an 6, par exemple, pose en principe que les propriétaires des fonds de Charance susceptibles d'être irrigués, ont indistinctement droit à l'usage des eaux de ce quartier, et que c'est une faculté que, sous aucun prétexte, on ne peut leur ravir.

Ce même règlement dispose dans son article 1er que plusieurs syndics et prayers seront créés pour maintenir les droits des intéressés, et qu'afin de parvenir à une distribution impartiale de ces eaux, l'irrigation aura lieu en commençant par les propriétés les plus rapprochées du pied de la montagne, à l'ouest, pour finir à celles qui sont le plus près de la Luye.

D'après l'article 8 du règlement de 1808, les fonctions des prayers consistent à veiller à ce qu'il n'y ait aucun abus dans l'arrosage et à empêcher que l'eau ne soit détournée par les propriétaires supérieurs, et suivant l'article 9, nul ne peut avoir le long du béal ou grand coursier un aquéduc masqué, propre à en dériver clandestinement les eaux. En cas de contravention, procès-verbal doit être dressé contre celui qui aura usé de ce moyen illicite.

Reste à examiner le règlement du 15 thermidor an 12 ; pour ne point en donner une idée incomplète, nous allons en faire connaître *in extenso* les dispositions.

Nous, Préfet des Hautes-Alpes,

Considérant que parmi les établissements qui se forment sur le cours des rivières non navigables ni flottables ou des torrents, il en est qui tendent souvent à ruiner les établissements voisins sans donner aucun avantage ni aucun accroissement à l'industrie locale ;

Considérant que l'autorité administrative dont les regards se portent sur tous les objets de prospérité publique, est bien mieux que les particuliers à portée d'apprécier les avantages ou les inconvénients qui peuvent résulter de ces sortes de constructions ;

Considérant que l'intérêt de l'agriculture exige que nul ne puisse dériver authentiquement que pour l'irrigation des propriétés riveraines les eaux des rivières non navigables ni flottables et des torrents, sans qu'au préalable l'autorité ait décidé si les eaux ne pourraient pas avoir une destination plus avantageuse ;

Que cette précaution est indispensable surtout dans les

Hautes-Alpes, où l'amélioration des terres dépend essentiellement des canaux d'irrigation ;

Considérant qu'il importe, en même temps, de prévenir par des constructions solides les dommages que des écluses mal établies pourraient occasionner dans des propriétés voisines ;

Considérant enfin qu'il est de l'intérêt des particuliers qui voudraient construire des moulins ou même des usines, de ne pas entreprendre de travaux avant que d'examiner si les établissements sont compatibles avec le bien public et surtout avec celui de l'agriculture ;

Nous avons arrêté et arrêtons ce qui suit :

Article 1er. Il est défendu, sous peine de démolition, de construire sur les rivières non navigables ni flottables du département et sur les torrents, aucuns moulins, usines, vannes, écluses et travaux d'art quelconques, sans au préalable en avoir obtenu l'autorisation du Préfet.

Art. 2. Il est défendu, en outre, de faire, sans une permission préalable, sur lesdites rivières et torrents, aucune dérivation des eaux, autres que les dérivations ordinaires pour l'irrigation des propriétés riveraines. Ceux qui voudraient établir de nouveaux canaux d'arrosage pour des fonds qui ne seraient pas riverains, ou des canaux pour le service des moulins construits ou à construire, sont tenus à la même formalité, sous les mêmes peines.

Art. 3. Pour pouvoir obtenir l'autorisation du Préfet, les particuliers, les citoyens ou les communes qui désireront se servir d'un cours d'eau quelconque, pour en faire l'usage prévu par les articles précédents, sont tenus de lui présenter une pétition, laquelle revêtue de l'avis du maire et de celui du Sous-Préfet, sera renvoyée à l'Ingénieur en chef qui commettra l'Ingénieur ordinaire pour se transporter sur les lieux.

Art. 4. L'Ingénieur dressera un rapport de *commodo* et

incommodo, dans lequel il considérera l'établissement, quant à ses avantages et à ses inconvénients, sous le rapport distinct de l'agriculture et de l'industrie.

Art. 5. La pétition sera envoyée à l'Ingénieur en chef qui nous la transmettra ensuite ; et nous enverrons le tout, s'il y a lieu, à Son Excellence le Ministre de l'intérieur, pour solliciter un décret impérial.

Art. 6. Dans tous les cas où la nature des lieux pourra permettre l'établissement d'un canal d'irrigation supérieur au canal du moulin ou usine qu'on se proposerait de construire, la réserve de cette première destination sera expressément faite dans l'arrêté d'autorisation.

Art. 7. Les rivières non navigables et flottables et torrents du département sont placés sous la surveillance de MM. les Ingénieurs, les Sous-Préfets et les Maires.

En conséquence, ils sont tenus de nous dénoncer les entreprises ou nouvelles œuvres qui pourraient avoir lieu en contravention aux dispositions ci-dessus.

Art. 8. Ampliation du présent, ensemble les motifs qui y ont donné lieu, seront mis sous les yeux de Son Excellence le Ministre de l'intérieur, qui sera prié de la revêtir de son approbation.

Donné à Gap, en l'hôtel de la Préfecture, le 15 thermidor an 12.

Le Préfet des Hautes-Alpes,

LADOUCETTE.

Approuvé par le Ministre de l'Intérieur, le 10 ventôse an 13 (1er mars 1805).

Est-il besoin de faire observer qu'en cette circonstance encore, l'on ne s'est pas mieux conformé aux dispositions textuelles de ce règlement, que l'on n'a tenu compte de l'esprit de sage prévoyance dans lequel il a été conçu.

Ce règlemement proscrit, en thèse générale, toute dérivation d'eau qui n'aurait point lieu dans l'intérêt de l'agriculture; et, au cas dont il s'agit, c'est précisément au préjudice de l'irrigation que la dérivation pratiquée par M. Pascal a été autorisée.

Ce même arrêté ne permet pas qu'on forme une nouvelle entreprise sur un cours d'eau, sans qu'au préalable l'autorité se soit assurée qu'elle ne nuira ni à l'industrie locale ni à l'intérêt public.

Or, n'avons-nous pas vu que la nouvelle œuvre de M. Pascal cause le tort le plus grave aux usines situées le long de la Bonne. On ne peut nier, en conséquence, que l'industrie locale ne doive en souffrir.

Les moulins, à Gap, sont insuffisants pour les besoins de la consommation. C'est l'un des faits sur lesquels s'appuie, avec raison, M. Uhrich pour démontrer la nécessité d'amener, dans ce bassin, les eaux du Drac (1). En ôtant à ces moulins le peu d'eau qui soit à leur disposition, on les empêche de marcher. Et qui éprouve des dommages par suite de leur inactivité? Les propriétaires de ces usines d'abord, et, en second lieu, le public. A ce

(1) *Rapport sur le Drac*, p. 25.

point de vue et dans cette circonstance, on est bien alors en droit de dire que l'intérêt général est sacrifié.

A présent que le lecteur est édifié sur la manière dont on s'est conformé à l'esprit du règlement de thermidor, on ne saurait se dispenser d'examiner quelle est l'application que l'on a faite de chacun de ses articles.

M. Pascal, pour amener les eaux sortant de sa propriété jusques sur les chemins vicinaux, a eu besoin de leur faire franchir, sur un point donné, l'espace compris entre les deux rives du Peyssier. Pour effectuer ce passage, il a bien fallu, sur ce cours d'eau, un travail d'art quelconque.

C'est cette œuvre qu'aux termes des articles 1, 2, 3 et 4 du règlement, M. Pascal ne pouvait entreprendre qu'après une enquête de l'ingénieur et qu'après avoir obtenu une autorisation expresse et spéciale de M. le Préfet des Hautes-Alpes.

Or, il n'y a eu ni enquête ni rapport des ingénieurs, ni autorisation spéciale demandée ni autorisation accordée. L'entreprise a donc été commencée et terminée en infraction aux dispositions de cet arrêté, comme elle a eu lieu en violation des lois générales et des autres règlements spéciaux sur la matière; elle est donc, de tous points, illicite et condamnable.

Nous indiquerons dans le subséquent et dernier paragraphe, le parti que nous aurons à tirer de toutes ces irrégularités, dans l'intérêt de la cause que nous avons mission de défendre.

§ 7.

Conclusion.

L'examen des griefs que nous avions à faire valoir contre les actes administratifs du 21 janvier et du 25 février 1852 est terminé.

Nous avons, dans cette discussion, rapporté les faits tels qu'ils sont et non tels qu'ils avaient été présentés par l'erreur et les préjugés. Les assertions pour ou contre ont été vérifiées avec le plus grand soin et les difficultés résolues d'après les principes des plus saines doctrines. Le lecteur a eu ainsi sous les yeux tous les éléments propres à établir et à fortifier sa conviction.

Quelle peut-elle être, en définitive, si non que les irrégularités en la forme et les vices en fond que nous avons signalés constituent un si puissant ensemble de causes de nullité actuelles et irréfragables qu'en vérité ce serait peine perdue à nos adversaires que de vouloir nous attaquer sur ce terrain. En conséquence, en l'état, il s'agit de savoir, non pas si ces actes seront annulés, car cette question ne peut plus faire l'objet du moindre doute, mais bien de faire connaître ce que devront devenir les travaux exécutés par M. Pascal, quand l'annulation que nous sollicitons aura été prononcée.

Lorsqu'un acte municipal a été déclaré nul, comme entaché d'illégalité ou parce qu'il aurait été fait en dehors du cercle des attributions de l'autorité dont il émane, cette annulation, enseigne M. Dalloz, entraîne la mise au néant de tous les actes d'exécution faits antérieurement en vertu de cet acte (1).

Pareillement, tous les arrêtés qui ont été la suite de l'acte qui a été annulé tombent évidement d'eux-mêmes, peu importe que l'annulation ait eu pour cause l'excès de pouvoir ou tout autre motif (2).

Cette doctrine n'est pas seulement professée par M. Dalloz, elle est celle de tous les auteurs qui ont traité de la matière. La Cour de cassation elle-même l'a consacrée dans une espèce identique, le 17 mai 1836, par un arrêt ainsi motivé.

« Attendu, quant aux actes administratifs, que si

---

(1) Dalloz, *Répert. gén. de jurisp.* t. 9, n° 731.

(2) Dalloz, *Répert. gén. de jurisp.* t. 9, n° 732.

« l'autorité supérieure compétente a annulé ceux de « l'autorité inférieure, et que si elle les a annulés comme « faits hors du cercle des attributions que la loi a con- « fiées à sa juridiction, cette annulation n'opère point « *praut ex nunc*, mais *praut ex tunc, ab initio*; ces ac- « tes, ainsi que ce qui s'en est suivi, sont regardés « comme nuls et non avenus, et cela, sans vice de ré- « troactivité, puisqu'il n'y a point de vice de rétroacti- « vité où il n'y a point de droits acquis par la force « d'actes qui par leur illégalité n'en ont pu avoir et n'en « ont réellement aucune ;

« Par ces motifs, la Cour rejette et. . . . . . . (1) »

Au point de vue de la loi du 12-20 août 1790, il est de principe que le pouvoir, sans la permission duquel on ne peut faire une chose, est nécessairement investi du droit de la défendre.

L'administration peut donc directement interdire toute entreprise faite sur un cours d'eau contrairement aux règlements et ordonner la démolition de tous les travaux qui auraient déjà été exécutés (2), et d'après l'article 1er de l'arrêté du 15 thermidor an 12, lequel, selon l'interprétation qu'en a donnée M. le préfet Curel, s'applique à tous les petits cours d'eau qui sillonnent dans toutes

(1) *Aff.* Ville de Bordeaux contre Laurent et compagnie. *Voir* Dalloz.

(2) Proudhon, *Traité du domaine public*, tome 3, p. 119, n° 1013.

les directions et presque sur tous les points le territoire des Hautes-Alpes, la suppression de tous les travaux d'art faits sur ces cours d'eau, en contravention aux dispositions de ce règlement, doit être rigoureusement exigée (1).

Or les travaux de M. Pascal se trouvent précisément placés dans toutes ces fâcheuses conditions. Précédemment, nous l'avons démontré par des arguments de toute sorte et jusqu'à satiété. Il est, dès lors, incontestable que la révocation des actes, en vertu desquels ils ont été exécutés doit produire l'anéantissement de tous leurs effets dans le passé, que la démolition doit en être prescrite; ce sont là des conséquences forcées du vice de leur origine. Seulement, qu'on veuille bien le remarquer, nous ne demandons point que l'ordre de démolition porte sur la partie de ces travaux qui est enclavée dans le domaine du concessionnaire; une pareille prétention, de notre part, impliquerait la discussion et la solution, à notre avantage, de la question de propriété; or, cette question, ainsi qu'on la vu, a été entièrement réservée. Ce que nous voulons pour le moment, ce que nous croyons être invinciblement en droit d'obtenir, c'est simplement que l'aquéduc traversant le Peyssier et qui de là va se prolongeant le long des chemins, des rues et des places

---

(3) Voir la note dont est précédé le texte de l'arrêté du 15 thermidor, dans l'*Annuaire du département des Hautes-Alpes*, pour l'année 1844.

publiques jusque dans l'intérieur de la ville, disparaisse complètement du sol du patrimoine communal.

Quelque rigoureux que soit l'emploi d'une pareille mesure, on ne reculera sans doute pas devant son adoption, surtout si l'on considère que M. Pascal n'a nul droit à exercer sur les eaux, une fois qu'elles sont sorties des terres qui lui appartiennent (1) ; que la délibération du 21 janvier n'a pu lui en conférer aucun (2), et qu'après tout, s'il vient à éprouver, comme cela n'est pas douteux, un préjudice grave de la destruction de ses travaux, il ne devra l'imputer qu'à lui-même, puisqu'il n'a agi qu'à ses risques et périls, du moment qu'il n'a pas jugé à propos d'obtempérer à la sommation qui lui a été faite en avril 1852, d'avoir à discontinuer les travaux en commencement d'exécution sous toutes les peines et les réserves de droit.

Mais à quelle autorité faut-il s'adresser pour obtenir la révocation des actes et la démolition des travaux dont il s'agit ?

L'on sait que c'est une règle généralement admise aujourd'hui que tout acte de l'administration qui blesse un droit consacré donne ouverture à un recours et que les particuliers qui se croient lésés doivent d'abord

---

(1) *Voir* la page 103 du présent mémoire.

(2) Arrêt du Conseil d'Etat du 23 février 1853, affaire Bernard.

s'adresser au préfet pour en obtenir la suspension ou l'annulation, ensuite au ministre que la matière concerne et enfin au Conseil d'Etat (1).

Cependant cette règle générale souffre des exceptions.

Si, par exemple, l'acte que l'on a l'intention d'attaquer est vicié d'incompétence ou d'excès de pouvoir, il n'y a pas de doute que l'affaire ne puisse être portée, au contentieux, devant le Conseil d'état, sans recours préalable au ministre (2).

Néanmoins, s'il s'agit d'un arrêté rendu par l'autorité en matière purement administrative, discrétionnairement et dans la plénitude de ses pouvoirs, et qu'elle ait statué par mesure d'ordre public ou de sûreté générale, la voie de la juridiction gracieuse est alors la seule qui reste ouverte aux intéressés pour faire rétracter l'acte qui leur cause préjudice (3).

La réclamation, dans ce dernier cas, est portée pardevant le gouvernement lui-même sous forme de supplique ou de pétition, sauf recours ultérieur au Conseil d'Etat, par voie d'appel, si la partie n'est point satisfaite de la

(1) Serrigny, *Compét. administr.* n° 1057. -- Cormenin, *Cours de droit administr.* tome 1er, ch. 2, du titre 2.

(2) Daviel, *Traité de la législ. des cours d'eau*, tome 1er, page 371. — Arrêt du Conseil d'Etat des 16 juin 1831 et 10 juillet 1833.

(3) Proudhon, *Traité du domaine public*, tome 3, n° 1065. -- Cormenin, *Droit administratif*, tome 1er, chap. 2 du titre 2. § XIX, page 186.

décision qui est intervenue pour confirmer et maintenir l'acte objet du grief (1).

En ce qui a rapport aux travaux d'art faits sur les petits cours d'eau du département, les infractions aux dispositions de l'arrêté de thermidor sont jugées, suivant leur nature, par les tribunaux de police municipale ou de police correctionnelle; et les contestations qui portent sur des questions de propriété, sont déférées aux tribunaux civils.

Telle est la jurisprudence qu'a consacrée le Conseil d'État par ses arrêts du 12 avril 1812, 14 août 1822 et 12 mai 1824 (2).

De ces diverses juridictions celle qui obtiendra notre préférence, sans contredit, est celle qui, tout en présentant les mêmes garanties de lumière et d'impartialité, sera, en même temps, la moins dispendieuse et la plus expéditive.

Or, le recours à M. le Ministre de l'Intérieur, par la voie non contentieuse, offre la réunion de tous ces avantages, sans avoir aucun des inconvénients auxquels les parties seraient exposées, si elles prenaient toute autre voie.

Ce recours est, en outre, le seul moyen qui puisse

---

(1) Daviel, ouvrage cité, tome II, pages 371 et 424.

(2) Note interprétative de l'arrêté de thermidor, par M. Curel, ancien Préfet des Hautes-Alpes, insérée dans l'annuaire du département, de 1811, page 188.

mener à une solution complète des difficultés administratives sur lesquelles les tribunaux civils sont incompétents pour statuer et dont quelques-unes, comme celles qui concernent l'application de la loi du 12-20 août 1790, échappent même au contentieux du Conseil d'Etat.

C'est donc à cette voie, selon nous, qu'il convient de s'arrêter.

En se fixant à ce choix, quelles chances d'insuccès y a-t-il à courir ? N'avons-nous pas pour nous l'équité, les lois générales, les règlements particuliers, les traditions administratives et l'approbation des gens éclairés? Nous est-il défendu de compter sur l'esprit de justice qui préside à tous les actes du gouvernement et sur les effets de la protection dont il entoure tout ce qui touche aux grands intérêts de l'agriculture et de l'industrie. Le public ne s'est-il déjà pas prononcé en notre faveur de la manière la moins équivoque? N'est-ce pas à l'obtention de sa fatale concession que notre adversaire a dû d'être évincé des conseils de la cité, à la presque unanimité des suffrages? Enfin, l'État, en la personne de M. le Ministre de l'instruction publique ou de ses agents, n'a-t-il pas déjà implicitement reconnu le bien fondé de nos griefs, quand il a volontairement renoncé au projet qu'il avait conçu d'amener au palais épiscopal une partie des eaux dont la possession est si vivement disputée.

Ces faits témoignent assez hautement de la bonté de notre cause. C'est pourquoi nous avons la ferme confiance que M. le Ministre de l'intérieur résoudra à notre avantage la question des eaux litigieuses en faisant pencher la balance du côté du bon droit, de la légalité et de l'intérêt général. C'est par cette mesure réparatrice qu'il lui sera donné de prévenir le retour de ces usurpations, cause des discordes et des rixes sanglantes qui n'ont que trop souvent, depuis trois siècles, porté le trouble et la désolation au sein d'une population naturellement bonne et pacifique (1).

(1) A l'appui de cette assertion, voir les actes transcrits ci-après, aux notes.

NOTES,

ÉCLAIRCISSEMENTS ET COPIES DE TITRES.

N° 1.

(Pag. 1, premier alinéa.)

Ces propriétaires sont : MM. Achard Jean-Ange, propriétaire ; Amat, avocat, ancien maire de Gap, juge suppléant et membre du Conseil municipal ; Arnoux Michel, journalier ; Augier, cordonnier ; Arnoux Joseph-Bernard, tailleur ; Aubert Arnoux, cafetier ; Aillaud, marchand de fer, membre du Conseil municipal ; Aubert Jacques, cultivateur ; Aubert aîné, négociant ; Arnaud Joseph, journalier ; Arnaud François, cantonnier ; Audier Catherine, veuve Merle, propriétaire ; Blanc Joseph, conseiller à la Cour impériale de Grenoble ; Borel François, propriétaire ; Blanc Eugène, docteur-médecin, membre du Conseil municipal et du Conseil général ; Blanc Xavier, avocat et ancien membre du Conseil général ; Boisserenc Valentin, cardeur de laine ; Blanc François, charpentier ; Blancsubé Jacques, serrurier ; Borel Étienne, serrurier ; Borel Simon, cordier ; Bernard Marie, veuve Nebon, rentière ;

Bernard Antoine, bourrelier; Blayer Henriette, veuve Estachy, négociant; Barle André, chapelier; Borel Victor, serrurier; Barle André père, chapelier; Borel Jacques, chapelier; Brunache Laurent, négociant; Brunache aîné, commis; Bournens Fidèle, rentier; Bremond Esprit, tanneur; Barban Honoré, boulanger; Brusty Baptiste, cultivateur; Blanc Jean-Louis, négociant; Blanc Jean-Pierre, facteur rural; Blanc Daniel, tanneur; Calandre Louis, rentier; Clément Cyprien, étudiant; Chabrand (veuve), née Duplessis, rentière; Chauvet Auguste, avocat; Canclaud Dominique, capitaine en retraite; Coutet Antoine, charpentier; Clavel François, propriétaire; Courdioux Claude, charron; Clément Auguste, marchand de fer; Chenille Eugène, ferblantier; Clavel Louis, cordonnier; Clavel Louis, père, cordonnier; Chéradame Jean, rentier, Clément Reynier, commis; Chabre Martin, chapelier; Clément Dominique, maréchal-ferrant; Clavel François, cordonnier; Clément Etienne, cultivateur; Clément Anne, ménagère; Chaix Jean, cordonnier; Clément Jean, cordonnier; Céaly Suzanne, veuve Gauthier, rentière; Chaix François, marchand; Chaix, ex-représentant; Reynier, curé à Ribiers, Coustier Laurent, employé; Coustier François, tanneur; Disdier Prosper, ex-notaire; Disdier Casimir, rentier; Davignon Jean, jardinier; De Beaufort Adèle, veuve Céaly, rentière; Demanin Pierre, potier; Davignon Auguste, épicier; Davignon Aimée, veuve Clavel, blanchisseuse; Disdier Marius, forgeron; Disdier Pierre, forgeron; Disdier Casimir, ancien percepteur; Duclot Aimé, étudiant en droit; Eynaud Magdelaine, veuve Laurens, rentière; Espié, Jacques, boulanger; Eynaud Fidèle, employé, membre du Conseil municipal; Espié Bruno, cultivateur; Eymard Jean-Baptiste, sellier; Eyraud Jean, propriétaire; Eyraud, veuve, née Martin, propriétaire; Espié Jean-Pierre, receveur de l'hospice; Eymard Arnoux-Jean-Baptiste, sellier; Espié (veuve), née de Rémusat, rentière; Escuyer, maréchal-ferrant;

Eyrier Rose, veuve Besson, épicière; Eynaud Alfred, employé; Eberlin Philip, cafetier; Espié Bruno, cordonnier; Eymard Jean-Jacques, rentier; Espié Jean, maître tisseur; Eyraud Napoléon, employé; Espitallier Dominique, menuisier, Espitallier Auguste, propriétaire; Espié Jacques fils, boulanger; Escallier Paul, meunier; Escallier Joseph, meunier; Fereoud François, négociant; Fereoud Antoine, rentier; Fereoud Antoine, prêtre; Favier Clément, veuve Garnier, rentière; Faure Antoine-François, huissier, membre du Conseil municipal; Guieu Napoléon, commis; Garcin Pierre, maçon; Gérard Joseph-Etienne, inspecteur des écoles primaires; Giraud Benoît, propriétaire; Gérard Jean, forgeron; Génolin François, jardinier; Guion François, menuisier; Grimaud Magdelaine, veuve Colomb, rentière; Guiot Étienne, teinturier; Guieu Napoléon, boulanger; Guiramand Jean, journalier; Garcin Pierre, forgeron; Giraud Jean, charpentier; Guiot Auguste, teinturier; Jullien Jacques, cordonnier; Jaussaud, veuve Chenille, marchande; Jaussaud, maître mécanicien; Jourdan Jean, bâtier; Jaussaud Marie, veuve Reynier, accoucheuse; Jaussaud Michel, cardeur; Lemaitre Pierre-Joseph, capitaine trésorier au 40e de ligne; Lecoque Auguste, employé; Laurent Antoine, traiteur; Lecoque, serrurier; Leautier Marie, couturière; Lombard Jean, employé; Lagier Louis-Fidèle, chanoine, fondateur de divers établissements d'instruction publique et gratuite; Marcellin Jean-Jacques, meunier; Marcellin Victoire, meunière; Meyer Félix, inspecteur des établissements de bienfaisance; Martin Joseph-Fidèle, cultivateur, membre du Conseil municipal; Martin Jean, propriétaire; Murat Pierre, marchand de fer; Massot Casimir, boulanger; Martin François, commis, Mathieu Henri, bourrelier; Marcellin Baptiste, meunier; Marcellin Jean, boulanger; Magallon Eugène, serrurier; Magallon Joseph, serrurier; Martin Jean-François, prêtre; Meyer Pierre, employé à l'octroi; Marcellin Joseph, chaufournier; Merle, marchand de porcelaines; Matheron, veuve Pauchon, aubergiste; Magallon Antoine-Vincent, serrurier; Meyer Joseph, propriétaire; Malbec, marchand de parapluies; Mauducch Jean, journalier; Marcepin Victor, boulanger; Martin Jacques, voiturier; Massot Jean, boulanger; Martin François, propriétaire; Matheron Joseph, cultivateur; Motte Antoine, menuisier; Marcellin François, cordonnier; Martin Jean-Joseph, cultivateur; Pomponne Paul, employé; Pinet de Manteyer Edouard, rentier; Pons Joseph, taillandier; Pieuzin Jean, cordonnier; Philip Hypolite, cardeur; Pascal Jean, facteur de ville; Pauchon Auguste, employé; Pons Philip, taillandier; Philip François, négociant; Philip Germain, négociant; Pons Philip neveu, taillandier; Pelloux Louis, cordonnier; Peyrot Jean, cultivateur; Rouy Joseph, conservateur du musée d'histoire naturelle du département et membre du Conseil municipal; Richaud Jean-Pierre, cordonnier; Roumieu Joseph, tailleur; Reynaud Anne, veuve Clavel, blanchisseuse; Reynier Joseph, ferblantier; Rolland Jean-Louis, maréchal-ferrant; Robert Pierre, épicier; Richier Jacques, boulanger; Richier Jacques fils, boulanger; Rolland Louis fils, maréchal-ferrant; Riaco Edouard, forgeron; Reynier Alexandre, charpentier; Ricard Jean, mécanicien, ancien membre du Conseil municipal; Reynier Ferdinand, propriétaire; Rambaud Jacques, journalier; Reynaud Joseph, cultivateur; Rome Jean, droguiste; Rambaud Germain, brasseur; Rambaud Fidèle, propriétaire; Rougny, veuve, cultivatrice; Sœur Marie, supérieure du Sacré-Cœur, représentant la communauté du Sacré-Cœur de Marie; Semensatis Théodore, tailleur; Sibourd Joseph-Mathieu, négociant; Sibourd Ernest, étudiant, autorisé par sa tante veuve Garnier; Sauva Rosalie, veuve Passot, couturière; Sividre Anne, veuve Duclot, rentière; Valentin Jean-Pierre, cordonnier; Vallet Joseph, employé; Vallet Auguste, serrurier; Valentin fils, cordonnier, etc., etc.

N° 2.

(Pag. 115, premier alinéa.)

Quelle est la quantité d'eau potable nécessaire à l'approvisionnement d'une ville?

L'inspecteur général, M. Bruyère, dans le rapport qu'il a fait en 1802, sur le moyen de fournir l'eau potable nécessaire à la capitale, a évalué cette quantité à 7 litres par habitant. Cependant, depuis près d'un siècle, fait observer M. l'Ingénieur Mallet, dans un remarquable travail sur la même question, tous ceux qui s'étaient occupés d'économie domestique avaient porté cette quantité à un pouce fontainier par chaque mille âmes, soit à environ 20 litres par tête. En 1786, M. Defer de la Nauerre considérait comme normale une consommation de 30 litres; et, en 1844, M. Terme, en proposant au Conseil municipal de Lyon d'adopter le chiffre de 50 litres par habitant, pensait avec raison doter la ville qu'il administrait de l'une des distributions d'eau les plus abondantes de France.

Or, Gap, pour une population agglomérée de 6000 âmes, possède 13 pouces d'eau de fontaine, c'est-à-dire plus de 2 pouces par 1000 habitants ou à peu près 43 litres par tête. Si l'on ajoute à cette eau celle de ses puits que beaucoup de personnes préfèrent et que l'on se procure en quantité indéfinie; si l'on réfléchit enfin que cette ville a, en hiver, à sa disposition, pour l'enlèvement des neiges, un cours d'eau si considérable qu'il forme dans les rues de véritables rivières, on ne peut s'empêcher de reconnaître que le chef-lieu des Hautes-Alpes n'a rien à envier sous ce rapport aux villes qui se trouvent placées dans les conditions les plus favorables.

A Paris où, au témoignage d'un ancien prefet de la Seine,

M. Chabrol de Volvic, les porteurs d'eau vendent chaque jour 169,300 voies de 23 litres chacune (ce qui ne donne que 5 à 6 litres pour la consommation journalière et moyenne de chaque habitant), on conçoit que la presse remette constamment la question des eaux à l'ordre du jour, et que l'administration se préoccupe vivement d'améliorer l'état de choses actuel; mais, à Gap, contracter un emprunt de 70 à 80,000 francs, comme proposait de le faire en 1847 la commission dont M. Allier était rapporteur, pour avoir de l'eau potable en plus grande quantité, ce serait, de l'avis de beaucoup de monde, employer à une dépense qui n'est pas nécessaire des capitaux dont on pourrait faire un usage plus judicieux et surtout beaucoup plus profitable.

N° 3.

(Pag. 132, troisième alinéa.)

Analyse de l'eau du puits des casernes.

INDICATION des SUBSTANCES.	QUANTITÉS par LITRE.	OBSERVATIONS.
Substances gazeuses.	Centilitres.	L'analyse de l'eau des autres puits de la ville a donné les mêmes résultats à quelques légères différences près.
Acide carbonique...	2. 27	
Oxygène............	0. 60	
Azote..............	1. 16	
Total des gaz....	4. 03	
Substances salines.	Gramme.	
Carbonate de chaux..	0. 180	
Azotates...........	» »	
Sulfate de chaux....	0. 026	
Sulfate de magnésie.	Traces.	
Total des sels....	0. 206	

N° 4.

(Pag. 188, quatrième alinéa.)

I. Arrêt du parlement de Grenoble, du 30 juillet 1625.

Entre Mc Jacques Gautier, lieutenant particulier au bailliage de Gap, Pierre Dufaure, avocat en la cour, Jacques Astezan, huissier en la chambre des comptes, Pierre Million, Arnoux Blanc et autres leurs consorts, propriétaires des moulins de la ville de Gap, situés sur la rivière de Bonne, demandeurs en requête de maintenue, et défendeurs en autre requête de contraire maintenue, d'une part; et nobles Jean et Balthasard d'Abon, frères, Honoré Bret dit la Lime, Guillaume Blanc, Georges Rochas et autres leurs consorts, propriétaires des prés et jardins situés le long de ladite rivière de Bonne, Claude Estachy, Jacques Magalon, Giraud Janselme, Esprit Benoit, Jean Manduel et autres forestiers de la ville de Gap, défendeurs et respectivement demandeurs en requête de maintenue, d'autre.

Vu par la cour la requête présentée à icelle par lesdits Jacques Gautier, Claude Million, Pierre Dufaure, avocat en la cour, Jacques Astezan, Pierre Million, Arnoux Blanc et autres leurs adhérents, tendant à ce que, comme propriétaires des moulins de la ville de Gap et pour les causes y contenues et ensuite des inhibitions ja concédées, apparaissant le droit du béalage à eux transféré par sa majesté, et au préjudice de ce les circonvoisins du canal des moulins dont s'agit prirent et détournèrent l'eau dudit canal, les propriétaires des prés circonvoisins fussent appelés pour venir exhiber leur prétendu titre et que, cependant, suivant les précédentes inhibitions leur fut inhibé et défendu et à tous autres qu'il appartiendrait, de troubler et molester lesdits demandeurs en l'entière et la parfaite perception et jouissance de ladite eau pour l'usage des moulins dont s'agit, à peine de 300 livres d'amende, et, en cas de contravention, il fut commis le premier notaire pour informer, sur laquelle et vu les conclusions mentionnées en ladite requête, lettres auraient été octroyées aux fins de la requête, du 30 mars 1624, lettres au bas icelle requête, avec les lettres signées et collationnées Baudet. — Requête présentée au juge de Gap, par le sieur Prieur de Saint-André et sieur Jacques Gautier et Louis Gautier, changeurs dudit Gap, à ce que Claude Sonchon, Pierre Gerin, Claude Ginalier et autres fussent appelés pour se voir condamner et contraints à laisser jouir et user les sieur Prieur et sieur Gautier des franchises et libertés qui leur compètent, et cesser le trouble qu'ils leur donnent à leur jouissance et possession de l'eau dont il s'agit et leur inhiber cependant de rien faire de nouveau au béalage dont s'agit ; sur laquelle est soit appelé conférer, et, cependant inhibé, du 25 juillet 1597, avec l'assignation au bas à eux donnée et inhibitions à eux notifiées par Ivier, sergent royal, dûment communiquées. — Autre requête à mêmes fins, présentée audit juge de Gap, sur laquelle aurait été commis le premier greffier pour informer, du 27 août dudit an. — Un accès de lieu sur le différend desdites parties, fait par ledit juge de Gap, le 19 juillet 1604, avec l'ordonnance par lui faite ; signé Arian greffier, aussi communiqué. — Plusieurs requêtes présentées audit juge de Gap par lesdits Gautier et autres aux susdites fins. — Autre requête présentée par lesdits Gautier et autres, aux fins que Me Adrian Paris, le trésorier Lagier, Sunnaire Manin et autres fussent appelés pour voir prononcer sur l'instance d'appel interjeté céant par lesdits Gautier, voir cesser et révoquer les attentats et le trouble à eux donné et inhiber de prendre de l'eau du canal dont il s'agit, sur laquelle est lettre auxdites fins de la requête et commis le premier notaire pour informer, du 13 août 1608. — Le règlement dressé par lesdits propriétaires desdits moulins avec lesdits sieurs d'Abon et autres circonvoisins, signé Astezan, dûment communiqué. —Six reconnaissances passées par les possesseurs des susdits moulins au profit des seigneurs dauphins et, après, au profit des rois dauphins leurs successeurs, touchant le rivage attaché auxdits moulins des années 1325, 1326, 1556, 1594 et 1595, signées pour extrait Disdier, dûment communiquées.—Deux extraits tirés de la chambre des Comptes, où appert avoir été payé par les propriétaires desdits moulins ce qu'ils se trouvaient obligés par les susdites reconnaissances, à raison du riverage, aussi signés pour extrait, Disdier, dûment datés et communiqués.—Un cahier de formalités faites par lesdits Gautier et autres contre lesdits d'Abon, trois informations prises à la requête desdits Gautier et autres propriétaires des susdits moulins contre lesdits d'Abon et autres, avec les exploits d'assignations données, dûment datées, signées et communiquées. — Requête desdits Gautier et autres, sur laquelle Me Ennemond Fustier, conseiller du Roi, commissaire, aurait été commis, du 9 juillet 1624, dûment signifiée auxdits sieurs d'Abon et autres. — Ordonnance rendue par ledit commissaire, du 27 juillet de l'année 1624, portant que le procureur desdits Gautier et autres communiquerait auxdits d'Abon et autres, à chacun le concernant, les actes mentionnés en sa requête tendant et concluant à la maintenue requise et arrosage dont s'agit.—Écritures desdits Gautier et autres communiquées. — La requête de Jacques Giraud communiquée au procureur desdits d'Abon et autres. — Le pouvoir donné par noble Pierre Dufaure, avocat et ledit Gautier audit procureur pour occuper pour eux, du 14 octobre dite année 1624.—Autres deux requêtes tendant à surogation de commissaire. — Certificat signé Rostaing, notaire, communiqué auxdits d'Abon et autres propriétaires des prés ou de l'eau à suffisance d'aliéner que de celle de la rivière de Bonne, du 6 mai 1625, avec l'expédition dudit acte, signé Armand, dûment communiqué. —Contrat d'albergement fait dudit moulin au profit de Jean Seigneuret, en feuille.—L'acte de surrogation, passé par ledit Seigneuret audit Astezan; ledit albergement du 17 novembre 1622, signé par la chambre, Disdier; et ladite surrogation signée Pellegrin, notaire, du 22 novembre 1623, dûment communiqué.—Écritures contenant expédition desdites deux pièces, signées Armand, dûment communiquées. —L'inventaire des pièces desdits Gautier et autres propriétaires desdits moulins, signé Astezan, remis céant, le 16 avril 1625, dûment communiqué, avec l'extrait de ladite rémission, dûment signifié.

Vu, aussi, à la part desdits nobles Jean et Balthazard d'Abon, frères, un contrat de partage fait entre feu nobles Guillaume et Olivier d'Abon, frères, du 8 juin 1568, signé Balet, notaire.—Contrat d'achat fait en faveur d'Etienne Marcelin, par lesdits Jean et Balthazard d'Abon, du 13 juin 1595, signé Armand, notaire.—Autre achat fait au profit desdits d'Abon, du 3 août 1601, signé Brunet, notaire.—Autre contrat d'achat, fait en faveur d'Honoré Bret dit la Lime par lesdits Abon., frères, du 10 octobre 1602, signé Guy.—Échange fait entre lesdits d'Abon et Etienne Garnier des choses y mentionnées, du 11 octobre 1602, signé Brunet, notaire. — Requête présentée au juge de Gap par ledit d'Abon à ce que, pour les causes y mentionnées fut commis au greffier pour procéder à l'acte de notoriété de la rupture et démolissement du pont dont s'agit, comme aussi pour informer sur les menaces faites par les propriétaires des susdits moulins; sur laquelle est commis aux fins de la requête, avec les inhibitions y contenues avec opposition, du 14 juillet 1604, dûment communiquée.—Exploits et assignation donnés à vue produits à ladite requête et informations des 14 et 17 juillet dite année.—Acte de division et partage fait entre lesdits d'Abon, d'une fontaine située au lieu de

Gap, du 29 décembre 1604, signé Liesse, notaire. —Arrentement passé par noble Jean Abon au profit de Guillaume Rougier, du pré situé à Condonel, du 10 février 1611, signé Brunet, notaire, aussi communiqué.—Autre arrentement passé par ledit Jean d'Abon, au profit d'Antoine Brunache, en l'année 1614 et le 8 novembre, par Bernard, notaire, aussi communiqué.—Requête dudit Abon, sur laquelle est soit montré à partie, du 4 juin dite année 1624, dûment signifiée. — Autre, sur laquelle Me Ennemond Fustier, conseiller du Roi, aurait été commis, du 19 juillet susdit an.—Ordonnance rendue par ledit commissaire, du 14 juillet de ladite année, portant que lesdits défendeurs feraient voir et estimer les dommages et intérêts par eux prétendus auxdits prés, vergers et jardins, à raison de la non-jouissance de l'eau dont s'agit par profit innové de la ville de Gap.—Ecritures desdits d'Abon répondant à celles desdits Gautier et autres commençant : *Il soit*, signées Garnier, dûment communiquées. — Autres dudit d'Abon, signées par ledit commissaire Garnier, avocat, commençant: *Les longueurs*, etc., aussi communiquées ensuite du décret de la cour.—Autres écritures dudit d'Abon, signées par ledit commissaire Garnier, persistant à ce premier fait, aussi communiqué.—L'inventaire de production des pièces desdits d'Abon, signé Durand, pour Me Couland, remis céant, le 18 mai 1625, communiqué au procureur desdits Gautier.

Vu aussi de la part dudit Honoré Bret dit la Lime, une sommation faite à la part d'icelui audit Gautier et autres dûment notifiée, à leur laisser l'entière possession et jouissance de l'eau dont s'agit, du 23 mai dite année 1624, notifiée auxdits demandeurs, par Peron, notaire. — Ecritures dudit Bret répondant à celles desdits Gautier et autres, dûment signées, concluant à la levation des inhibitions par eux obtenues et qu'ils soient maintenus prendre l'eau de ladite rivière de Bonne, dûment communiquées.—Contrat d'achat non signé, passé audit la Lime par noble d'Abon, du 10 octobre 1602.—Autre contrat produit par ledit Lalimé, non signé, ni communiqué.—Procédure faite par le juge de Gap du lieu contentieux, du 11 juillet 1604, signée et collationnée par les procureurs des parties, du 27 juin 1624. — L'inventaire de production des pièces dudit Bret dit la Lime, signé Bozonnier, remis céant, le 2 juin dudit an 1625, tenu pour communiqué par décret de ladite cour.

Vu aussi de la part dudit Georges Rochas, condéfendeur, une sommation par lui faite auxdits demandeurs de ne le troubler en la possession de prendre de l'eau dont s'agit et de se départir des inhibitions par eux obtenues, dûment notifiées à Arnoux Blanc et Claude Million condemandeurs, du 20 juin dite année 1624, par Olivier, notaire.—Écritures dudit Rochas répondant à celles desdits Gautier et autres, commençant: *S'il vous* et concluant au contenu de leur requête et à la maintenue de l'eau dont s'agit pour l'abreuvage et arrosement des prés dont est question, signées Garnier, communiquées le 26 juillet 1624.—Contrat de vente passé à Pierre Lovanis par noble Jean Dupuys, d'une pièce de pré, du 7 décembre 1523, reçu par Me Armand, notaire, dûment communiqué. —Transaction passée entre Pierre Clary et Jean Dupuys, sur le différend entre eux de l'usage de perception de l'eau et arrosage d'icelle du 14 mai 1488, aussi communiquée.—Reconnaissance passée par ledit sieur Rochas en faveur de sa majesté d'une pièce de pré assis au terroir de Gap, du 7 décembre 1595, signée par extrait, Armand, notaire, dûment communiquée.— Écritures dudit Rochas contenant réponse à celle desdits demandeurs et expédition desdits actes, signées Livache, dûment communiquées.—L'inventaire de production des pièces dudit Rochas, signé Bozonnier, remis céant, remis le 3 juin 1625, dûment communiqué au procureur des demandeurs par décret de ladite cour.

Vu encore de la part de Claude Estachy, Jacques Magallon,

Rostaing Jean et Antoine Magallon, Esprit Benoit, Giraud Janselme, Jean Manduel et autres forestiers de la ville de Gap, une requête par eux présentée, concluant à ce que, pour les causes y contenues, sans s'arrêter aux inhibitions obtenues par lesdits Gautier et autres demandeurs, lesdites parties fussent remises au même état qu'elles étaient auparavant l'obtention d'icelle, sur laquelle est enjoint de conférer, si non venir en audience du 3 juin dite année 1624, signifiée au procureur desdits demandeurs.—Plusieurs requêtes de venir en audience, dûment signifiées.—Rapport de fixation de limites sur ce béalage, par Guillaume et Damien Brunet frères, du 2 mars 1552, signé Charbet, notaire, dûment communiqué.—Contrat d'achat passé par Jean et Antoine Lantelme, en faveur d'Antoine et Jean Manent, du 9 novembre 1555, signé Brunet, notaire, dûment communiqué.—Autre contrat d'achat fait et passé par Honoré Lantelme, au profit d'Antoine et Jean Manent frères, d'une pièce de prairie avec le béalage de l'eau venant de la Bonne en ladite terre, du 11 novembre 1559, signé Brunet, notaire, aussi communiqué.—Autre contrat d'achat passé en faveur desdits Antoine et Jean Manent frères, par Antoine Lafrey Philippe, du 16 avril 1562, signé par ledit Brunet, notaire, aussi communiqué.—Échange fait et passé entre Claude Lafrey, Philippe et Bonnet Magallon, forestiers de

des fonds et contenances, reçu par Brunet, notaire.—Extrait par Michely en l'année 1566 et au mois de mars, dûment communiqué.—Autre contrat de division et partage fait entre Jean Bonefoux et Jean Bontoux forestiers dudit Gap, en l'année 1573, signé par Davin et dûment communiqué.—Requête présentée par lesdits forestiers aux fins que les inhibitions fussent levées, et, eux maintenues en leur possession de prendre de l'eau dont s'agit, sur laquelle est soit montré, etc., du 21 juillet 1624, l'autorisation au bas.—Écritures desdits Estachy et autres forestiers, contenant l'expédition desdits contrats et concluant à la levation des inhibitions obtenues par lesdits

Gautier et autres demandeurs, dûment signées Bovier, dûment communiquées.—Requête desdits Estachy et autres à ce que ledit Gautier et autres fussent appelés à constater et de nouveau produire leurs titres.—Exploit d'assignation donné aux susdits par Labbé, sergent royal.— Autre requête desdits Estachy et autres forestiers, à ce qu'il fut commis des experts jurés de la ville de Gap, pour porter l'estimation des dommages provenus aux susdits faute de n'avoir pu arroser les prés et jardins et d'y faire rapport, sur laquelle est octroyée la commission requise, du 18 septembre 1625.—Une lettre ensuivie exploit d'assignation, donnée en vertu d'icelle à Me Astezan, tant à son nom qu'en celui des demandeurs sur ce que dont s'agit pour vérifier l'estimation du dommage dont s'agit par Mazen, sergent royal, du 8 octobre 1624, dûment communiquée. — Le rapport et estimation sur ce fait à la requête desdits Estachy et autres forestiers, par Me Brunet, notaire et commissaire, du 9 desdits mois et an, aussi dûment communiqué.—Écritures desdits Estachy et autres contenant leur corrigé de plainte, commençant par: *S'ensuit*, signé Bonniel, aussi communiqué.—Autres écritures répondant à celles desdits Gautier et autres, commençant par: *Réponse* et signée Moret, aussi communiquée.—L'inventaire de production des pièces desdits Estachy et autres forestiers, signé Galland, remis céant, le 11 mars de l'année 1625, communiqué au procureur desdits Gautier et autres, dûment communiqué, le 28 septembre dite année, avec l'extrait de la matricule et rémission dudit procureur au greffe, dûment signifié et généralement tous contrats aussi produits et remis, mentionnés au susdit inventaire et qu'il fallait avoir pour concilier. — Oui, sur ce, le rapport de Me Jacques Putod, conseiller du Roi en ladite cour et commissaire à ce député.

La Cour avant que faire droit sur les fins et conclusions des parties a apointé icelles contraires; ordonne qu'elles seront faites plus amples si bon leur semble de huitaine en huitaine, à iceux répondront dans la huitaine après, autrement forclos; sur les niés informeront dans trois mois par Me Jacques Putod, conseiller du Roi, céans, lequel est à ces fins commis; dans lequel délai, descente sera faite sur les lieux contentieux si besoin est, par ledit commissaire, avec prud'hommes et experts, desquels les parties conviendront, ou qu'à faute d'en convenir, seront pris, par lui, d'office; et, au surplus, se retireront au greffe pour se régler de tous les délais de la cause suivant l'ordonnance, et, cependant, par provision, sans préjudice du droit des parties au principal, ordonne que lesdits forestiers et propriétaires des prés et jardins jouiront de l'eau dont est question dessus, le jeudi, deux heures après midi, jusqu'au dimanche à semblable heure; le surplus du temps demeurant entièrement aux propriétaires des moulins; fait inhibitions et défenses respectivement auxdites parties de se troubler, à peine de mille livres d'amende et autres arbitraires à la cour; dépens réservés. Signé Frère, Putod.—Épices, trente écus.

Présents Messieurs maîtres Cl. Frère, Cl. Expilli, présidents; L. Sachon, P. de la Baume, E. Moret, J. Lescot, R. du Pilhon et J. Putod, tous conseillers en ladite cour.

Publié le 30 juillet 1625.

II. Ordonnance de la cour de parlement, aides et finances de Dauphiné,

Du vingt-septième mai mil sept cent soixante-deux, qui établit deux prayers ou préposés à la distribution des eaux pour l'arrosage des prairies du territoire de Gap, et notamment pour le jardin et pré de l'évêché, avec défense de les dériver, sous les peines y portées, etc.

A NOS SEIGNEURS DU PARLEMENT,

Supplie humblement messire Pierre Annet de Pérouse, évêque, comte et seigneur de Gap, conseiller à la cour, remontre qu'il est obligé pour le maintien de l'ordre et la tranquillité publique, de se pourvoir en la cour, pour arrêter le désordre et les querelles qui arrivent chaque année au sujet des eaux qui servent à l'arrosage des prairies du territoire de Gap.

Les eaux dont il s'agit et qui se rendent dans un grand réservoir du château de Charance appartenant au suppliant, proviennent de plusieurs sources naissantes tant dans le bois supérieur du suppliant que dans les fonds propres à quelques particuliers et qui furent acquises par messire Jacques-Marie de Condorcet, son prédécesseur, par acte du 5 septembre 1748.

Ces sources occasionnèrent un procès entre ledit Messire de Condorcet, d'une part, les frères prêcheurs de Gap et les nommés Cialy et Morel, d'autre; lequel fut terminé par arrêt du 2 mai 1752; en vertu duquel il fut permis à l'évêque de Gap de faire conduire l'eau de plusieurs sources au grand réservoir de Charance.

Les eaux dudit réservoir servent à faire tourner trois moulins dépendants de l'évêché; et au sortir des moulins, elles sont conduites par un canal au travers des fonds du suppliant, pour faire tourner un moulin que ses prédécesseurs ont laissé établir par le nommé Louis Faure.

C'est au sortir du moulin dudit Faure, que ces eaux se divisent en deux canaux, dont l'un qui est le long de la plus basse muraille de l'enclos du jardin de l'évêché, arrose du coté levant les prés de quelques particuliers, suivant la permission, révocable à volonté, que ledit Messire de Condorcet donna à quelques particuliers, par acte du 29 juillet 1753.

Le second canal conduit les eaux, du coté du couchant, qui coulent le long des fonds inférieurs par leur pente naturelle.

Quoique toutes ces eaux appartiennent au suppliant

tant par droit de propriété que par celui de petite régale, d'autant mieux qu'elles traversent le grand chemin pour pouvoir être conduites dans les fonds inférieurs, cependant il ne veut point priver les particuliers qui ont des prairies de la faculté de les arroser ; mais, comme il n'y a aucun règlement fait pour ledit arrosage, ni aucune distribution par jour et heure, chaque particulier, qui croit en avoir besoin, les dérive comme il lui plait ; ce qui, dans les temps de sécheresse surtout, occasione chaque année des querelles considérables et même des rixes violentes, de sorte qu'il n'est point d'année où il n'y ait plusieurs personnes estropiées et plusieurs informations faites en conséquence.

Tous ceux qui veulent se servir des eaux pour l'arrosage emploient des gens du peuple avec des pelles et des fourches de fer pour dériver les eaux avec violence, et c'est ce concours de personnes envoyées à cet effet avec pareilles armes qui produisent ces violences et rendent les eaux inutiles à tous par l'attention réciproque que chacun a de les couper aux autres.

Outre ce motif général d'ordre public, le suppliant a de plus un intérêt particulier : il possède dans le terrain inférieur où passent les eaux, une prairie considérable, appelée le Pré-Vescal ; il y a de plus un bassin dans le jardin de la maison épiscopale de Gap qui sert à la culture dudit jardin, et les eaux sont conduites dans le bassin par un acqueduc, depuis le grand chemin où est ladite prise d'eau, jusqu'au jardin de l'évêché.

Le suppliant, qui n'a jamais voulu se servir des mêmes moyens violents, se trouve privé, quoique propriétaire des eaux, et de plus seigneur, de l'usage desdites eaux pour l'arrosage du Pré-Vescal et de son jardin, parceque les particuliers les détournent pour l'arrosage de leurs prairies, et les empêchent par-là d'aller dans les fonds du suppliant.

Ce désordre ne peut être empêché que par un règlement, sur la distribution proportionelle desdites eaux, en établissant des préposés, pour faire ladite distribution à tous ces différents particuliers qui peuvent en avoir besoin pour l'arrosage, ainsi que cela se pratique dans plusieurs terres voisines, nommément dans celle de Jarjayes où de pareils inconvénients ont fait établir de semblables préposés appelés *prayers* qui, moyennant salaire, divisent les eaux du territoire, suivant l'étendue des différentes prairies, et c'est pour obtenir un pareil règlement nécessaire à l'ordre public et à l'intérêt des particuliers, que le suppliant invoque l'autorité de la cour.

C'est pourquoi il conclut à ce qu'il plaise à la cour, Messeigneurs, ordonner qu'il sera établi deux prayers ou préposés à la distribution des eaux dont s'agit, suivant le règlement qui sera fait par le juge de Gap, juge du territoire et ressortissant immédiatement en la cour, qui sera à ses fins commis; lesquels prayers seront payés par ceux à qui la distribution des eaux sera faite par proportion au temps dont ils jouiront desdites eaux, et dont le salaire sera fixé par ledit règlement; que dans ladite distribution il sera laissé la quantité d'eau suffisante, pour être conduite au jardin de l'évêché par l'acqueduc établi à cet effet, de même que pour l'arrosage du Pré-Vescal; qu'il soit inhibé et défendu à tous particuliers de dériver eux-mêmes les eaux, et de les couper à ceux à qui les prayers les auront données aux heures qu'ils doivent en jouir, à peine de 500 livres d'amende et d'en être informé par-devant le juge des lieux, ou le premier gradué requis, non suspect, ayant serment en la cour, qui sera à ces fins commis; au surplus, ordonner que la présente, et l'ordonnance qu'il plaira à la cour de rendre, seront lues, publiées et affichées partout ou besoin sera; et sera justice. Signé Toscan.

N'empêchons qu'il soit ordonné qu'il sera établi deux

préposés à la distribution des eaux dont s'agit, suivant le règlement qui sera fait par le juge de Gap, qui sera à ces fins commis ; lesquels préposés seront payés par ceux à qui la distribution des eaux sera faite, par proportion au temps dont ils jouiront desdites eaux, et dont le salaire sera fixé par le règlement, et que dans ladite distribution il sera laissé la quantité suffisante d'eau, pour être conduite au jardin de l'évêché par l'acqueduc établi à cet effet, de même que pour l'arrosage du pré, et au surplus, les inhibitions et défenses requises sous les peines de droit, et que l'ordonnance qui interviendra soit lue, publiée et affichée partout où besoin sera. Délibéré au parquet le 27 mai 1752. Signé, Bouvier, substitut.

Ordonne qu'il sera établi deux préposés à la distribution des eaux dont il s'agit, suivant le règlement qui sera fait par le juge de Gap, à ces fins commis; lesquels préposés seront payés par ceux à qui la distribution sera faite, par proportion du temps dont il jouiront desdites eaux, et dont le salaire sera fixé par ledit règlement ; et que dans ladite distribution il sera laissé quantité suffisante d'eau, pour être conduite au jardin de l'évêché, par l'acqueduc établi à cet effet, de même que pour l'arrosage du pré dont s'agit; le tout sous inhibitions et défenses requises, et sous les peines de droit; et la présente sera lue, publiée et affichée par tout où besoin sera. Fait en parlement, le 27 mai 1762. Signé: de Berulle, et plus bas : de Dieu.

LOUIS, par la grâce de Dieu, roi de France et de Navarre, Dauphin de Viennois, comte de Valentinois et Diois, au juge de Gap: suivant l'ordonnance de notre cour de parlement, aides et finances de Dauphiné, mise au bas de la requête, ci sous notre contre-scel jointe, présentée par Messire Pierre-Annet de Pérouse, Evêque et Comte de Gap, notre conseiller, notre dite cour vous a commis, comme par ses présentes nous vous commettons, pour, par-devant vous, être procédé conformément à ladite ordonnance; mandons en outre au premier notre huissier ou sergent requis, faire pour l'exécution entière de ladite ordonnance de ce jour, tous actes et exploits de justice requis et nécessaires; de ce faire te donnons pouvoir.

Donné à Grenoble, en parlement le 27 mai, l'an de grâce 1762, et de notre règne le quarante-septième, signé : LAPORTE. Collationné gratis, JAQUEMET. Scellé le 29 mai 1762. Signé : TRAVAIL.

III. Requête au Parlement de Grenoble, par Mgr Gaspard de Jouffroy-Gonsans, évêque de Gap.

A NOS SEIGNEURS DU PARLEMENT,

Supplie humblement messire François-Gaspard de Jouffroy-Gonsans, évêque, comte et seigneur de Gap.

Représente que, vu les justes motifs contenus en la requête présentée à la Cour par M. de Pérouse, prédécesseur médiat du suppliant, il fut ordonné par la Cour, le 27 mai 1762, qu'il serait établi deux préposés à la distribution des eaux de Charance, suivant le règlement qui serait fait par le juge de Gap, à ces fins commis, pour l'arrosage des fonds qui sont inférieurs aux moulins de Charance, et que dans ladite distribution il serait laissé une quantité suffisante d'eau pour être conduite au jardin de l'évêché par l'aqueduc établi à cet effet, de même que pour l'arrosage du pré dépendant dudit évêché.

Cet établissement n'eût pas son effet à cause du décès de M. de Pérouse, arrivé en l'an 1763, et M. de Narbonne, son successeur, ne fut peut-être pas instruit de l'ordonnance de la Cour, ou il ne trouva pas à propos de la faire mettre à exécution, par des raisons que l'on ignore; mais, quoi qu'il en soit, le suppliant a voulu, à l'exemple de M. de Pérouse, faire observer le bon ordre prescrit et ordonné par la Cour, éviter les querelles et batteries journalières qui se commettent au sujet desdites eaux, dont le parti le plus fort l'emporte sur le faible, et la rupture continuelle des canaux fait que les eaux se perdent sans que personne en profite, tels ayant été les motifs qui déterminèrent la démarche de M. de Pérouse.

Pour se conformer à cette intention, le suppliant, par le moyen de son procureur fiscal, fit nommer deux prayers par le juge de Gap, en l'année 1775, pour faire la distribution des eaux en question, et il fut en même temps fait un état de ceux qui possédaient des fonds sujets au droit d'arrosage, ainsi qu'un règlement des sommes que chaque propriétaire devait payer.

Cet établissement fut exécuté en ladite année, à la satisfaction de la plus grande partie des intéressés; mais comme dans la généralité il y a toujours des *opposants*, il s'en présenta lorsqu'il fut question de faire observer le même règlement, en l'année 1776.

Il y eût quelques particuliers du quartier de Charance qui prétendaient avoir droit de jouir seuls des eaux en question, au prétexte que leurs fonds sont les plus près de l'endroit où la séparation des eaux doit être faite, et qu'à raison de cette proximité, leurs domaines étaient plus allivrés au cadastre que les autres, à la faveur de tout quoi ils déclarèrent de former opposition à l'établissement des prayers, même à l'ordonnance de la Cour, où ils protestèrent de se pourvoir pour en demander la réparation.

Les possesseurs des prairies et des fonds inférieurs qui doivent jouir de l'arrosage par la pente naturelle des eaux, se sont pourvus à la Cour par requête, sur laquelle il a été fait ordonnance de *Soit montré*, qui doit avoir été signifiée et à laquelle il a sans doute été fourni réponse; mais, quoi que que puisse contenir cette réponse, elle ne saurait préjudicier au droit commun où sont tous les possesseurs inférieurs des moulins de Charance de jouir des eaux en question, attendu que les supérieurs, tout comme les inférieurs, n'ont aucun titre particulier ni aucune concession pour jouir desdites eaux les uns au préjudice des autres, et que le bon ordre, la police, et même l'intérêt commun, exigent que lesdites eaux soient distribuées avec égalité, sans distinction ni prédilection, et sans avantage des uns sur les autres.

Les possesseurs des fonds supérieurs prétendent que leurs fonds sont plus allivrés au cadastre que les inférieurs, à cause de leur proximité des eaux, mais c'est une allégation et un fait dont les inférieurs ne conviennent pas, mais que la chose soit, ou non, elle devient indifférente pour le suppliant, auquel il compète différents droits sur les eaux en question, dont le premier consiste en ce qu'il a la propriété d'une partie desdites eaux par le moyen de l'acquisition que M. de Condorcet, évêque, en a faite, en second lieu il a droit sur lesdites eaux par sa qualité de seigneur haut-justicier, à qui le droit de petite régale est attribué sur les eaux qui découlent des ruisseaux et des chemins qui sont dans l'étendue de sa juridiction.

En troisième lieu, enfin, le suppliant a droit de demander le règlement et la conduite des eaux en question comme devant en jouir privativement à tout autre; en ce qu'il dépend de son bénéfice un pré appelé Pré-Vescal, qui se trouve inférieur aux fonds de Charance et qui a été arrosé de tous les temps, et encore en ce qu'il y a dans le jardin de l'évêché, à Gap, un bassin construit à grands frais pour recevoir les eaux qui y sont conduites par un aqueduc établi à cet effet, et il arrive souvent que le pré et le jardin du suppliant sont privés de l'eau qui leur est nécessaire, par le détournement des eaux au-dessus dudit pré, par où le suppliant souffre un dommage considérable, quoiqu'il dût avoir la préférence qui lui est due par sa qualité de propriétaire et de seigneur haut-justicier.

Il ne s'est point cependant prévalu des deux différentes qualités lors de la répartition qui a été faite des sommes à payer par ceux dont les fonds seraient arrosés, puisqu'il a voulu être mis le premier sur ledit état, à cause du bon exemple et pour engager tous les intéressés à se joindre sans contestation, mais cet exemple n'a pu ramener les esprits, puisqu'au contraire ils ont voulu continuer d'agir sans règle et sans ordre par où tout a continué de mal aller, mais il y a des bornes à mettre à un pareil dérèglement, et l'on ne peut y parvenir que de l'autorité de la cour; c'est pourquoi le suppliant se voit obligé d'intervenir au procès en question, puisqu'il a établi ci-dessus qu'il y avait un intérêt personnel, soit pour soutenir les droits de son bénéfice et ceux de sa qualité de seigneur et haut justicier, soit par la jouissance des fruits et revenus de son évêché, et que c'est à lui personnellement qu'il compète de demander l'exécution de l'ordonnance de la cour, puisqu'elle a été rendue à la poursuite de son prédécesseur, et qu'il a les mêmes motifs pour en demander l'exécution que M. de Pérouse avait eus pour l'obtenir.

Ce considéré, plaira à la cour, nos seigneurs, recevoir le suppliant intervenant au procès qui est pardevant elle, entre les syndics des possesseurs des fonds inférieurs audit quartier et faisant droit à ladite intervention, sans s'arrêter à l'opposition formée par les sieurs Grimaud, Chaix, Blanc et autres particuliers possesseurs des fonds supérieurs, à l'ordonnance de la cour, du 27 mai 1762, de laquelle ils seront déboutés, ordonner que ladite ordonnance sera exécutée selon sa forme et teneur, avec dépens contre ceux qui auront mal contesté.

Et cependant, comme il s'agit d'un règlement de police qui ne doit pas souffrir de retardement, le bon plaisir de la cour sera, en attendant qu'il ait été dit droit sur ladite opposition, d'ordonner que la susdite ordonnance du 27 mai 1762, et le décret du juge de Gap, du 1er août 1775, ainsi que son ordonnance du 2 juin 1776, seront exécutés par provision selon leur forme et teneur, avec déclaration que maître Claude Borel, procureur en la cour, occupera pour le suppliant sous élection de domicile, en sa personne et cabinet, à la forme de l'ordonnance, et sera justice, signé Borel, procureur fondé.

Soit montré à partie et successivement au procureur général du roi. Fait en parlement le 18 juillet 1777.

IV. Requête au parlement de Grenoble par MM. Blanc et Escallier.

A NOS SEIGNEURS DU PARLEMENT,

Supplient humblement M. Joseph-Innocent Escallier, avocat en la Cour, lieutenant en l'élection de ladite ville de Gap, et Etienne Blanc, notaire royal de la même ville, en qualité de syndics des possédant fonds sujets à l'arrosage des eaux de Charance, terroir de Gap.

Représentent que leur précédente requête et l'ordonnance de *Soit montré* rendue par la Cour sur icelle, le 13 juillet 1776, ont été signifiées aux sieurs Blanc, Grimaud et Chaix, en la personne dudit sieur Chaix, leur syndic, lequel y a fourni réponse, dont il sera facile de montrer le peu d'égard qu'on doit y avoir; avant de l'entreprendre, les suppliants doivent commencer à désavouer et comme ils font, tout ce qui a été dit dans leur rapport, au sujet de la propriété et du droit que l'on a voulu contester au seigneur évêque de Gap, sur les eaux de Charance, attendu que les suppliants n'ont donné aucun ordre à leur député de faire une pareille contestation: ainsi, en faisant les choses dans leur ordre naturel, il ne reste qu'à examiner si trois particuliers peuvent s'arroger un droit sur des eaux qui, à toutes fins, sont communes, à l'exclusion de plusieurs autres particuliers qui peuvent également profiter desdites eaux.

Sur ce point, les suppliants ont déjà démontré que les eaux qui viennent du quartier de Charance sont communes à tous les possesseurs des fonds inférieurs aux moulins desdits quartiers de Charance, et comme, dans toutes les affaires communes, il arrive souvent du désordre lorsqu'il n'y a point de règle écrite, c'est la raison pour laquelle le défunt seigneur La Peyrouse, évêque de Gap, obtint l'ordonnance de la cour du 27 mai 1762, pour la distribution des eaux en question.

Le motif de cet établissement avait deux objets, dont le premier était celui d'éviter les querelles et les batteries journalières qui se commettaient sur la distribution desdites eaux ou plutôt sur leur usurpation, attendu que le tout étant commun, c'était au plus fort que la pomme de discorde était accordée et l'on ne peut en cela que louer le zèle d'un évêque et d'un seigneur qui cherche la tranquillité de ses ouailles et de ses vassaux.

Le deuxième objet dudit seigneur évêque était de pouvoir faire arroser un pré appelé lui-même *Pré-Vescal* qui lui appartenait et d'avoir de l'eau pour l'usage de son jardin attenant au palais épiscopal; car, la plupart du temps, il était privé de cette faculté en ce que les esprits turbulents et les personnes du bas peuple chargé du soin de l'arrosage des eaux en question n'avaient ni égard ni considération pour le maître, ni pour le pré, ni pour le jardin; par où ils étaient souvent exposés à en manquer, tandis que les plus vils artisans profitaient d'une eau qui, sans contredit, devait appartenir au seigneur plutôt qu'à eux.................................

S'agissant donc d'une quantité d'eau commune, elle doit

être distribuée entre tous les communistes, sans que les uns puissent en exclure les autres, et comme cette quantité d'eau n'est pas assez considérable pour arroser tout à la fois les fonds supérieurs et les fonds inférieurs, il s'en suit qu'il faut de nécessité un règlement pour que la distribution en soit faite avec ordre et égalité; autrement, cette quantité d'eau, quelle qu'elle soit, ne serait pas employée avec tous les profits qu'on en peut retirer.

La raison en est que n'y ayant point de prayer pour distribuer l'eau dans un fonds et successivement dans un autre, il arrive souvent que plusieurs propriétaires veulent tous arroser les mêmes jour et heure, ce qui donne lieu à des querelles et à des débats qui ne servent qu'à fomenter des procès et à faire perdre les eaux sans aucun profit, attendu que chacun voulant les avoir, personne n'en jouit à cause de la rupture des canaux que les journaliers ou domestiques font des uns et des autres, par où il est évident que rien n'est plus sage que le projet formé par Mgr de La Peyrouse, pour l'établissement des prayers.

Cet établissement se trouve d'ailleurs conforme à l'usage observé dans toutes les communautés de la province, où il y a des eaux pour l'arrosage des prairies et autres fonds, puisque par ce moyen aucun n'arrose au préjudice de son voisin et que tout est laissé aux soins des prayers qui, n'ayant aucun intérêt personnel à la chose, agissent avec le plus d'ordre et d'exactitude qu'il est possible, et plus la quantité d'eau est petite, plus elle a besoin d'être distribuée à propos; autrement personne ne profite de rien.

Les suppliants n'entendent point priver les possesseurs supérieurs de la faculté d'arroser et ils conviennent même qu'ils doivent arroser les premiers; mais les supérieurs ne doivent pas s'opposer à ce que les fonds inférieurs soient également arrosés, puisqu'ils ont les uns et les autres un droit égal sur les eaux en question; et comme pendant le débat personne ne profite de rien, vu que les uns profitent au préjudice des autres, il est de la justice de la cour d'ordonner un règlement provisionnel en attendant qu'il ait été dit droit sur les prétentions des parties au principal, en quoi les suppliants sont fondés sur les dispositions de l'ordonnance de la cour, dont les décisions doivent toujours avoir leur entier effet.

Ce considéré, plaira à la cour, nos seigneurs, pourvoir aux suppliants suivant les fins de leur précédente requête, et, en conséquence, ordonner que son ordonnance du 27 août 1762 et le décret du juge de Gap du 1er août 1775 seront exécutés par provision selon leur forme et teneur, au moyen du consentement que donnent les suppliants que les fonds supérieurs du quartier de Charance soient arrosés avant les fonds inférieurs dudit quartier et autres, et l'ordonnance qu'il plaira à la cour de rendre à ce sujet sera exécutée nonobstant opposition et autres empêchements quelconques, sans y préjudicier et sera justice.—Soit montré au procureur général.— Chainnes.

N'empêchons qu'au moyen du consentement des suppliants que les fonds supérieurs dont il s'agit soient arrosés avant les fonds inférieurs, il soit ordonné que l'ordonnance du 27 mai 1762 et le décret du juge de Gap du 1er août 1775 seront exécutés selon leur forme et teneur.—Délibéré au parquet, le 28 juillet 1777.—Chanel, signé.

Acte du consentement des suppliants, que les fonds supérieurs soient arrosés les premiers avant les inférieurs, sans préjudice du droit des parties au principal et sans attributions d'aucun nouveau.—L'ordonnance dont s'agit du 27 mai 1762 et le décret dont s'agit seront exécutés selon leur forme et teneur, et la présente sera exécutée nonobstant opposition et autres empêchements, et sans y préjudicier.

Fait au parlement, le 2 août 1777.—Signé d'ARNACIEUX, CHAINNES.

Pour copie conforme à l'original à nous exhibé et à l'instant retiré par le sieur Jean-Pierre-André Meyer, l'un des syndics nommés par les propriétaires ayant droit aux eaux de Charance.—Gap, le 7 avril 1809.

Le premier adjoint à la mairie de Gap, faisant fonctions de maire,

Signé ALLIER.

V. Pétition à la municipalité de Gap.

A l'administration municipale de Gap, les citoyens ci-dessous signés.

Citoyens administrateurs, tout ce qui intéressse le bien particulier de vos administrés, ne saurait vous être indifférent; tout ce qui peut concourir à faire fleurir l'agriculture est également l'objet de votre sollicitude; sous ce double rapport, nous sommes persuadés que la demande que nous venons faire sera favorablement accueillie.

Vous n'ignorez pas que de tous temps les propriétaires riverains des torrents qui descendent de Charance ont eu pour leurs prairies l'usage et la jouissance des eaux qui se forment en bas de la montagne de ce nom, et qu'autrefois ces eaux justement réparties profitaient un peu à tous; mais, aujourd'hui, par une suite du défaut de police qui a régné dans cette partie, elles deviennent la proie du plus audacieux ou du plus fort; ce qui entraîne toutes les années des rixes d'où il peut résulter les plus grands malheurs.

Il est temps que cet abus cesse et qu'il soit pris des mesures telles *que chacun puisse jouir en paix et sans trouble quelconque d'une faculté qui ne peut lui être ravie.*

Il existe depuis longues années une ordonnance du ci-devant parlement qu'il s'agit de faire revivre, et il n'y a pas de moyen plus simple pour y parvenir que de réunir les intéressés, afin qu'ils puissent discuter entr'eux ce qui convient le mieux en pareille circonstanue. Cette marche est même indiquée par le code rural et par toutes les lois qui ont traité de la matière.

Mais pour que cette réunion soit légale, elle ne doit pas être faite sans l'autorisation de l'autorité administrative; nous pensons même que la convocation du grand nombre de propriétaires que cette affaire concerne ne doit être faite que par elle.

En conséquence, citoyens administrateurs, nous venons vous prier de vouloir bien donner votre approbation à une réunion qui n'a pour but que le plus grand bien de la chose, en faisant convoquer vous-mêmes par les moyens les plus expéditifs et les plus efficaces en même temps et par affiche, si vous le jugez nécessaire, tous les propriétaires qui peuvent avoir intérêt aux eaux de Charance, pour le jour et dans le local qu'il vous plaira de fixer.

Signé : Farnaud, Clément, G. Arnaud, Marchand, père, Roubaud, Meyer, père, Espié, Antoine Blanchard, Meyer, fils ainé, Méalhie, Martin, Blanc, officier de santé, Cazeneuve, Escallier, Dellaup, Donneaud, Dabon, Motte, Rochas, Farnaud, Duyer, aîné, André, Blanc.

Vu la pétition ci-jointe, le commissaire du directoire ouï, l'administration municipale approuve la réunion demandée et arrête, en conséquence, que tous les propriétaires qui ont l'usage et la jouissance des eaux de Charance seront invités à se trouver le 10 du courant, à 2 heures de l'après-midi, dans la maison commune, pour discuter entr'eux le parti qu'il convient de prendre, afin de répartir justement les eaux dont il s'agit, pour que chacun puisse en profiter également.

Gap, le 4 floréal, 6me année républicaine.

Signé : Bonnet, adj., Dhéralde, Clavel.

VI. Règlement du 10 floréal an VI.

Les citoyens propriétaires qui ont l'usage et la jouissance des eaux de Charance se sont réunis aujourd'hui 10 floréal an 6 de la République, dans une des salles de la maison commune, ensuite de l'autorisation qu'ils en ont obtenue, le 4 courant, de l'administration municipale de Gap intervenue sur la pétition qui lui fut présentée par lesdits propriétaires pour discuter entr'eux les moyens les plus convenables qu'il y ait à prendre à l'effet de répartir justement les eaux de manière que les propriétés des intéressés puissent être arrosées sans trouble et que *chacun jouisse sans abus ni sans préférence d'une faculté qui ne saurait lui être ravie.*

En conséquence, il a été fait lecture des différentes écritures qui constatent les droits des propriétaires et notamment de l'ordonnance du ci-devant parlement, sous la date du 27 mai 1762, imprimée par autorisation de cette ci-devant cour, de laquelle il résulte que pour faire cesser les abus qui existaient alors sur le partage de ces eaux, il fut ordonné qu'il serait établi des prayers qui arroseraient chacun à son tour les prairies des intéressés, lesquels seraient payés par ces derniers pour le temps dont ils auraient joui des eaux; 2° que foi serait ajoutée aux procès-verbaux que pourraient dresser lesdits prayers contre ceux qui auraient détourné les eaux du cours qu'ils lui auraient donné; 3° que les contrevenants seraient condamnés à 500 livres d'amende et aux dépens; 4° qu'il serait fait à ce sujet un règlement par le juge de Gap. Il a encore été donné lecture de quelques autres écritures relatives au même objet et principalement d'une requête présentée au juge de Gap par les propriétaires, dans laquelle ils reconnaissent que les possesseurs des prairies du quartier de Charance doivent avoir le droit de les arroser les premiers, sans que pour cela ils puissent nuire en aucune manière au droit qu'ont les autres intéressés d'arroser à leur tour et sur laquelle intervint un décret conforme du 2 avril 1775.

Après toutes ces différentes lectures qui établissent avec la plus parfaite conviction les droits des intéressés, ceux-ci, voulant faire revivre dans toute leur force les titres qui leur garantissent la jouissance desdites eaux, ont délibéré sur les moyens les plus propres de parvenir au but qu'ils se proposent; en conséquence, après les plus mûres réflexions et la discussion la plus approfondie, ils ont arrêté ce qui suit :

ART. 1er.

Pour maintenir les droits des intéressés et aviser au moyen d'une distribution impartiale des eaux de Charance, ils ont établi cinq syndics.

ART. 2.

Ces syndics sont chargés, si la chose est jugée convenable, de faire ratifier par le tribunal civil l'ordonnance du ci-devant parlement du 27 mai 1762 et toutes les autres pièces relatives aux eaux de Charance qui seront jugées nécessaires; à cet effet, ils sont autorisés à les retirer d'entre les mains du citoyen Joubert, avoué, en lui payant ce qui lui est dû.

ART. 3.

Ils donneront tous leurs soins à ce que l'ordonnance de 1762 s'exécute selon sa forme et teneur; en conséquence, ils établiront deux prayers honnêtes qui soient assermentés comme les gardes champêtres de la commune, de manière qu'il puisse être fait toutes les poursuites et ordonné toutes les condamnations portées contre ceux qui auraient illégalement détourné les eaux à leur profit.

ART. 4.

L'ordre de la distribution des eaux aura lieu en commençant par les propriétés au quartier de Charance et en suivant chacun à son tour jusqu'au torrent de la Luye.

ART. 5.

Les prayers seront payés par ceux de qui ils auront arrosé les prairies, d'après le rôle de répartition qui sera fait par les syndics, homologué et déclaré exécutoire par qui de droit et sur le pied qu'ils leur auront fixé.

ART. 6.

Dans le cas où des particuliers se refuseraient au paiement, les syndics pourront les payer eux-mêmes, sauf à poursuivre pardevant qui il écherra les refusants et même le recours contre tous les propriétaires riverains.

ART. 7.

Les susdits sont autorisés à faire liquider le montant des écritures faites par le citoyen Joubert, avoué, concernant les eaux et à les comprendre dans le rôle de répartition dont il est fait mention ci-dessus.

ART. 8.

Les intéressés nomment pour leurs syndics les citoyens Antoine Donneaud, Jean-Pierre Méaille, Benoît Martin, Joseph Farnaud, Arnoux Marrou, de Charance.

ART. 9.

En leur donnant leur confiance, ils les chargent de veiller à l'intérêt commun qu'ils ont aux eaux de Charance et de mettre, à cet effet, en usage tout ce qu'ils jugeront convenable, dans leur sagesse; enfin, ils se reposent entièrement sur leurs soins, leur zèle et leur désintéressement, pour que chaque propriétaire puisse jouir à son tour des choses auxquelles ils ont droit.

ART. 10.

Le présent sera présenté au visa et à l'approbation de l'administration municipale et restera, ainsi que la permission sur laquelle est intervenue l'autorisation de se réunir de la part de l'administration municipale, entre les mains des syndics, pour être joint aux autres pièces qui concernent les eaux de Charance.

Ainsi fait et arrêté par nous propriétaires soussignés et ont signé ceux qui l'ont su.

Suivent les signatures.

VII. Règlement du 17 mai 1808.

Gap, le 20 mai 1808.

Le Maire de la ville de Gap à M. le Préfet des Hautes-Alpes.

MONSIEUR LE PRÉFET,

J'ai l'honneur de soumettre à votre approbation le règlement qui a été arrêté le 17 de ce mois, en vertu de votre lettre du 14 du courant, par les propriétaires de cette commune ayant l'usage des eaux de Charance, concernant la distribution de ces eaux. J'ai lieu d'espérer, Monsieur le Préfet, de l'intérêt que vous prenez à tout ce qui tend à faire fleurir l'agriculture et à prévenir des malheurs, que vous voudrez bien l'approuver.

J'ai l'honneur, etc.

ALLIER, *f. f. de Maire.*

Les propriétaires de la ville de Gap qui ont l'usage des eaux de Charance, se sont réunis dans l'une des salles de l'hôtel de ville, aujourd'hui 17 mai 1808, sous la présidence de M. Allier, premier adjoint à la mairie de Gap, d'après la convocation qui a été faite par lui, en suite d'une lettre de M. le Préfet, du 14 du courant. Cette réunion ayant pour objet de faire cesser tous les scandales et les abus qui jusqu'ici ont eu lieu pour la distribution des eaux de Charance, lesdits propriétaires ont discuté les différents moyens de les prévenir; et, après la plus sérieuse délibération, ils ont arrêté le présent règlement.

ARTICLE 1er.

Le règlement rédigé par les propriétaires ayant l'usage des eaux de Charance, le 10 floréal an 6, est maintenu dans tout ce qui n'est pas contraire au présent.

ART. 2.

Les syndics seront au nombre de trois. L'assemblée nomme

pour syndics MM. Meyer, fils; Colomb, avocat, et Benoit Eyraud.

ART. 3.

Les propriétaires possédant fonds au quartier de Charance arrosent les premiers et à tour de rôle, en conformité du décret du juge de Gap, sous la date du 2 avril 1777 ; mais lorsque l'irrigation aura eu lieu jusqu'au moulin du sieur Faure, alors le cours sera repris à la propriété la plus inférieure, près de la Luye, et sera continué ainsi en remontant jusqu'à la propriété la plus supérieure, les propriétaires reconnaissant que cette innovation au règlement du 10 floréal an 6 est commandée par l'économie à mettre dans la direction des eaux.

ART. 4.

Il est recommandé à MM. les syndics de la ville à ce que l'hôtel de la Préfecture et le jardin y attenant jouissent constamment, d'après les titres, du filet d'eau qui leur est nécessaire. Les prayers sont chargés eux-mêmes d'y donner toute leur attention.

ART. 5.

Pour parvenir au paiement des prayers, les syndics feront, chaque année, un rôle de répartition dont les cotes seront proportionnées à l'étendue des prairies et au nombre de fois que chaque prairie aura été arrosée. Ce rôle sera homologué par qui de droit, à la diligence des syndics. Il sera remis au percepteur pour en faire le recouvrement, moyennant deux centimes et demi pour franc et comme pour les contributions publiques. Les syndics tireront des mandats sur les percepteurs pour le paiement des prayers.

ART. 6.

Immédiatement après chaque cours, les propriétaires seront tenus de verser un à-compte entre les mains du percepteur pour faire face au salaire des prayers. Ces paiements seront réalisés après la remise du rôle.

ART. 7.

Les syndics nomment et révoquent les prayers. Ils conviennent avec eux du prix d'irrigation à raison d'un faucheur de pré arrosé. L'assemblée s'en rapporte à leur zèle, à leur impartialité et à leur désintéressement pour l'exacte distribution des eaux. Ils augmenteront le nombre des prayers s'ils le jugent nécessaire.

ART. 8.

Il est expressément défendu aux prayers de rien exiger des propriétaires : leurs fonctions se bornent à avertir ces derniers du jour où leurs prairies doivent être arrosées et à veiller à ce qu'il n'y ait aucun abus dans l'irrigation, que les canaux soient purgés par les propriétaires et que l'eau ne soit pas détournée par aucun propriétaire supérieur. Lorsque le cas arrive, ils dressent procès-verbal, en donnent avis aux syndics, afin que toutes les formalités soient exactement observées. Les prayers suivent invariablement l'ordre des irrigations prescrit par l'article 3, sans pouvoir l'interrompre, sous quelque prétexte que ce soit, à peine de destitution, et même de dommages-intérêts envers les propriétaires qui auraient souffert de leur négligence.

ART. 9.

Les propriétaires supérieurs à l'écluse du sieur Faure, ceux qui sont inférieurs à son moulin, sont en contravention toutes les fois qu'ils détournent les eaux de ladite écluse, sans le concours des prayers, à partir du jour où ils seront mis en activité par les syndics. Ces derniers sont invités à veiller à ce qu'aucun propriétaire n'ait le long du béal ou grand coursier aucun aqueduc masqué propre à dériver clandestinement les eaux : procès-verbal sera pareillement dressé contre celui qui userait de ce moyen illicite.

ART. 10.

Les syndics fixent, chaque année, l'époque où commence

et finit la distribution des eaux, par le moyen des prayers. Ils veilleront particulièrement, ainsi que les prayers, à ce que l'écluse du sieur Faure soit lachée toutes les fois qu'elle sera pleine, de manière que l'eau ne se perde pas dans le lit du torrent, à cause de son peu de volume. Les prayers rendront souvent compte aux syndics de l'état de l'irrigation, ainsi que des obstacles qu'ils peuvent éprouver dans l'exercice de leurs fonctions.

ART. 11.

Les syndics sont en activité pendant trois ans : après ce délai, ils sont renouvelés par tiers, par la voie du sort ; ils peuvent être réélus. Il sont chargés de faire homologuer tous les actes des assemblées ayant pour objet les eaux de Charance, et au besoin ils demandent à l'autorité la réunion des propriétaires.

Le présent règlement, à la tête duquel sera inscrit celui du 10 floréal an 6, sera soumis, ainsi que ce dernier, à l'homologation des autorités compétentes.

Fait et dressé à Gap, les jour, mois et an que dessus.

(Suivent les signatures des intéressés).

Ainsi procédé par devant nous 1er adjoint de la mairie de Gap, faisant fonctions de maire, en son absence.

A l'hôtel de ville, à Gap, ledit jour, 17 mai 1808.

Signé, ALLIER.

Vu et homologué par nous Préfet du département des Hautes-Alpes.

Gap, le 18 mai 1808.

Signé, LADOUCETTE.

N° 5.

(Page 144, troisième alinéa).

Au premier coup-d'œil, une espèce de contradiction semblerait exister entre l'opinion qui a été attribuée à M. le docteur Roubaud (page 144 du Mémoire), et celle qu'il a émise dans le procès-verbal de la délibération du 21 janvier, dont il est le rédacteur.

Une simple observation suffit pour faire disparaître cette prétendue contradiction. Quand M. Roubaud nous a dit qu'il n'avait jamais observé aucun cas de scorbut à Gap, c'était en son nom personnel et comme médecin qu'il parlait; le 21 janvier, au contraire, l'opinion qu'il avait à exprimer, et qu'il a exprimée effectivement, n'était point la sienne propre, mais bien celle de la majorité du conseil municipal, qui l'avait choisi pour son secrétaire. La manière dont a agi M. le docteur Roubaud, dans cette circonstance, est donc à l'abri de toute critique.

TABLE.

www.ingramcontent.com/pod-product-compliance
Ingram Content Group UK Ltd.
Pitfield, Milton Keynes, MK11 3LW, UK
UKHW022041190726
13855UKWH00002B/379

9 782013 352369